Rosie Renk

Unterwegs

Reisen zu kreativen Frauen im Norden

Geleitwort: Margarete von Schwarzkopf

HINSTORFF

Inhalt

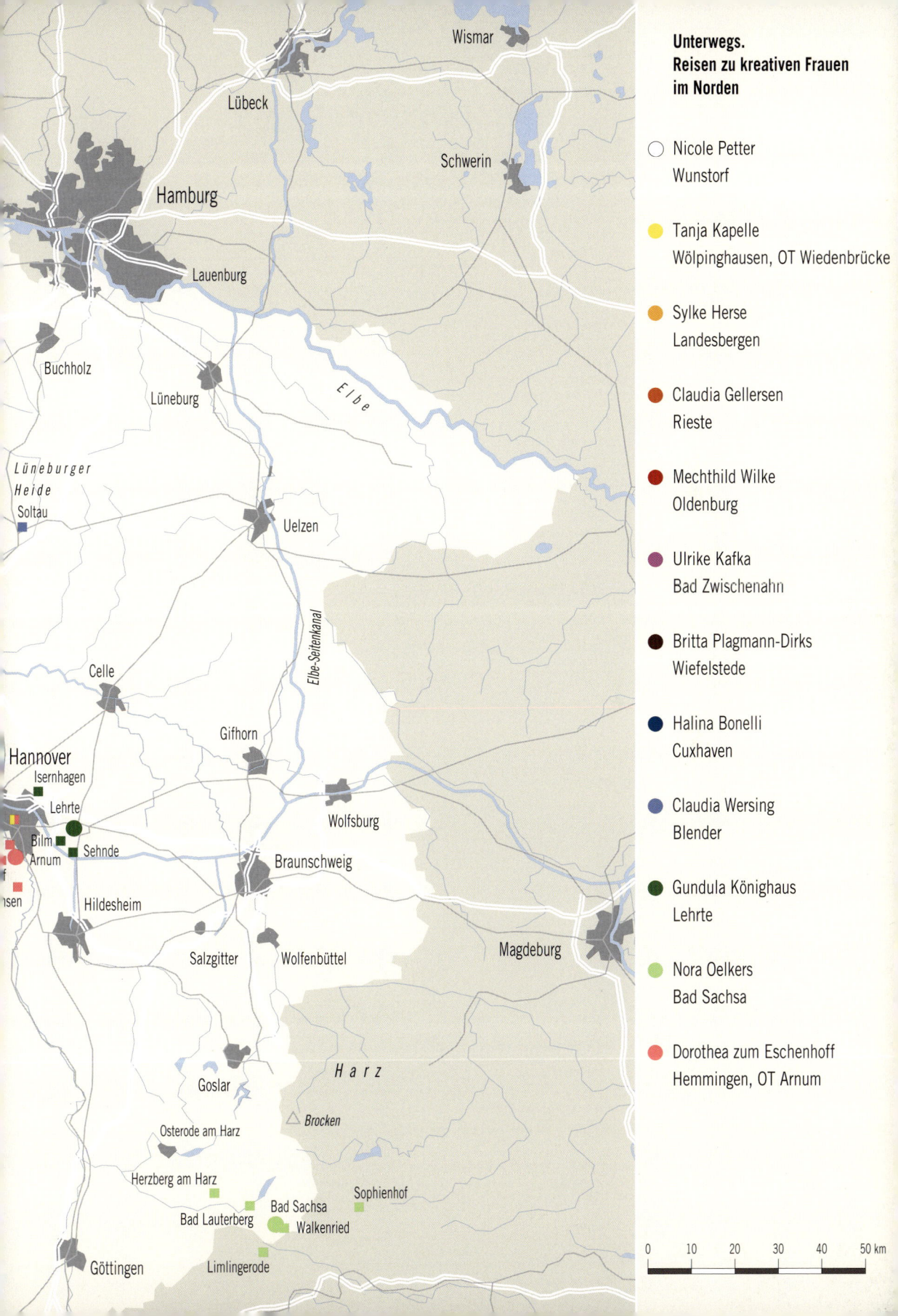

Wismar

Lübeck

Schwerin

Hamburg

Lauenburg

Buchholz

Lüneburg

Elbe

*Lüneburger
Heide*
Soltau

Uelzen

Elbe-Seitenkanal

Celle

Gifhorn

Hannover
Isernhagen
Lehrte
Bilm
Arnum
Sehnde

Wolfsburg

Braunschweig

Hildesheim

Salzgitter

Wolfenbüttel

Magdeburg

Goslar

Harz

△ *Brocken*

Osterode am Harz

Herzberg am Harz

Sophienhof

Bad Sachsa
Bad Lauterberg
Walkenried

Göttingen

Limlingerode

Unterwegs.
Reisen zu kreativen Frauen
im Norden

○ Nicole Petter
  Wunstorf

● Tanja Kapelle
  Wölpinghausen, OT Wiedenbrücke

● Sylke Herse
  Landesbergen

● Claudia Gellersen
  Rieste

● Mechthild Wilke
  Oldenburg

● Ulrike Kafka
  Bad Zwischenahn

● Britta Plagmann-Dirks
  Wiefelstede

● Halina Bonelli
  Cuxhaven

● Claudia Wersing
  Blender

● Gundula Könighaus
  Lehrte

● Nora Oelkers
  Bad Sachsa

● Dorothea zum Eschenhoff
  Hemmingen, OT Arnum

0   10   20   30   40   50 km

Geleitwort

Der Bergsteiger Reinhold Messner hat einmal gesagt: »Wirklich innovativ ist nur der, der dorthin geht, wo die andern nicht sind.« Der in Irland geborene Dichter Oscar Wilde, der für alles meist ironische Erklärungen fand, räumte ein: »Die Stärke einer Frau liegt ja gerade darin, dass man sie nicht erklären kann«. Stärke interpretierte der Dichter nicht als physische Ausdauer oder Mut, »sondern auch als die Fähigkeit«, »sich dem Neuen nicht zu widersetzen und im Chaos einen eigenen Weg zu finden«. Er lebte in einer Zeit, da gerade eine Gruppe wahrhaftig »starker Frauen« damit begann, sich für das Wahlrecht der Frauen zu engagieren. Sie mussten dabei nicht nur mutig, sondern vor allem einfallsreich vorgehen. Die Frauen, die für ihre Ideen aufstanden und für ihre Proteste immer neue Ausdrucksformen fanden, wurden zwar oft verhaftet, ins Gefängnis geworfen, aber sie gaben nicht auf, bis man ihnen endlich das zusprach, was ihnen schon längst gebührt hatte. Das Wort »stark« ist so auch ein Synonym für ganz andere Eigenschaften wie einfallsreich, energisch und wandlungsfähig.

Die Spuren von ähnlich starken bzw. kreativ denkenden und dementsprechend handelnden Frauen ziehen sich seit Jahrtausenden durch die Menschheitsgeschichte. Dazu zählt Cleopatra, die dem aufstrebenden Weltherrscher Oktavian Widerstand leistete. Kaiserin Theophanu, verheiratet mit Otto II., war eine der mächtigsten Frauen des 10. Jahrhundert. Sie verlieh ihrem Zeitalter neue Impulse, indem sie Ideen umsetzte und offen für Neues war. Hildegard von Bingen ging als »starke Frau« in die Annalen ein, deren Offenheit für Neuerungen in einer statischen Epoche bewundernswert war, und Elisabeth I., Maria Theresia, Zarin Katharina, Rosa Luxemburg – sie alle waren kreativ und bereit, sich Herausforderungen zu stellen. Und das hieß dann oft, wie der Dichter Heinrich Laube sagt, dass sie »von unerbittlicher Konsequenz« waren. Dass diese oft eher aus Not als aus Veranlagung geboren wurde, ist ein anderes Kapitel. Im vergangenen erst hat eine junge Frau, eigentlich noch ein junges Mädchen, den Friedensnobelpreis errungen.

Auch sie eine Frau, die sich gegen Unrecht und Gewalt gewehrt hat – wie so viele Frauen in aller Welt seit ewigen Zeiten und ganz besonders in unserer Epoche voller Begeisterungsfähigkeit Lösungen für scheinbar unüberwindbare Hindernisse gesucht haben.

Kreativität bedeutet geistige Unabhängigkeit und Stärke, und es wundert, dass der Begriff »Stärke« im Zusammenhang mit dem Wort »Frau« bei vielen Männern und sogar auch Frauen ein gewisses Unbehagen auslöst. Sind starke Frauen kalt, hart, ehrgeizig, kompromisslos, eigensinnig? Was eigentlich bedeutet dieser Begriff »starke Frauen«? Sind Frauen nicht, wie schon der Volksmund sagt, ohnehin das stärkere Geschlecht? Auch wenn es uns an Muskelkraft fehlen mag, so gleichen wir das doch im Allgemeinen durch Zähigkeit und Improvisationsgabe aus. Was wäre unsere heutige Welt ohne die Kreativität und Wandlungsfähigkeit von Frauen! Aus den USA stammt der Spruch: »Wenn ich wie ein Mann arbeiten würde, dann würde mich jeder als faules Stück beschimpfen«. Und da spielt Kreativität eine wichtige Rolle. Denn wer immer nur festen Regeln folgt und sich Neuem verschließt oder nicht selbst schöpferisch tätig sein kann, wäre in dieser Welt höchster Herausforderungen verloren..

Kreativität hat viele Facetten. Wie vielseitig diese sein können und in wie vielen Bereichen man sie findet, beweist das vorliegende Buch. Alle Porträts darin zeigen Frauen, die in ihrem eigenen Umfeld etwas aufgebaut haben und dabei Familie, Freundeskreis und berufliche Initiativen zu verknüpfen verstehen. Ob das nun eine Bäckerei oder ein Café bedeutet, ein hübscher Laden mit Dekors oder ein Ort der Entspannung – die Lebenswege dieser kreativen Frauen, die mit ihrem Ambiente, ob Stadt oder Land, in enger Beziehung stehen und die kulinarische Tipps mit der gleichen Leichtigkeit vermitteln wie Ratschläge für Ausflugsziele, regionale Museen und andere Besonderheiten ihrer jeweiligen Gegend, sind alle auf ihre Weise geprägt von einem natürlichen, authentischen Selbstbewusstsein und der Erkenntnis, dass sich kreative Stärke in ganz unterschiedlichen Strukturen und Sichtweisen beweisen lässt. Zudem ist dies auch noch ein besonderes Reisebuch, das an die Orte führt, die diese Frauen geprägt haben und die von diesen Frauen geprägt wurden. Der Leser erlebt somit diese Reise durch den Norden aus dem Blickwinkel von Frauen, auf die ein Wort der Schauspielerin Zsa Zsa Gabor zutrifft: »Wenn ein Mann zurück weicht, weicht er zurück. Eine Frau weicht nur zurück, um besser Anlauf nehmen zu können«.

Margarete von Schwarzkopf

Vorwort

Meist ist es nur ein kleiner, schüchterner Gedanke: Einmal etwas anderes machen. Neue Motivation suchen. Die Sinne wieder anregen. Täglich etwas erleben und leben, anstatt die Termine des Tages einfach nur abzuarbeiten.

Aber – das geht doch gar nicht. Das kann doch nicht klappen, wir haben doch Pflichten und Aufgaben. Wo ist da die Lücke für Kreativität und ein etwas anderes Leben? Für Freude und Leidenschaft? Vielleicht für einen neuen Beruf und eine große Portion Lebensfreude? Fragen über Fragen – und eigentlich ist nur eine Antwort möglich: Machen!

Vor Ihnen liegt ein Reise(ver-)führer zu kreativen Frauen in Niedersachsen. Zwölf dieser besonderen, dieser starken Frauen stellen wir in diesem Buch vor, angeordnet im Uhrzeigersinn und quer durch das Land. Die Frauen, die porträtiert werden, haben gewagt, wovon viele nur träumen. Sie haben ihre Ideen und besonderen Fähigkeiten im eigenen Geschäft verwirklicht. Schon deshalb lohnt sich ein Besuch. Weil einfach gut ist, was sie tun und weil sie uns ein bisschen den Alltag verschönern können.

Dass die kreativen Frauen mit offenen Augen durchs Leben gehen und einen Blick haben für außergewöhnliche Dinge, zeigen ihre Reisetipps: Ob Märchenschloss oder naturnaher Wanderweg, romantisches Café oder flippige Boutique, gut bestückter Hofladen oder Szene-Lokal – wer auf den fröhlichen Wegen der kreativen Frauen wandelt, erlebt unterhaltsame Stunden.

Und beim Lesen besonderer Biografien eröffnen sich vielleicht ganz neue Perspektiven. Damit hätte dieses Buch eine Menge erreicht, denn wenn man auf sein Herz hört und der Passion folgt, kann vieles gelingen.

Rosie Renk

Accessoires für Heim und Haus

Nicole Petters Lifestyle-Laden in Wunstorf

Den Alltag bestimmt die mopsfidele Hundedame Emma – oder doch die Kinder Lilly und Max sowie Ehemann Michael? Oder Petra, Tanja, Susanne, Frau Hinz, Frau Kunz, die nette Buchhändlerin von gegenüber, Marcella aus dem Eisladen – oder wie die geliebten Kundinnen alle heißen? Das Leben von Nicole Petter wird geprägt von Menschen, auch wenn sie selbst für ihren Laden brennt; für die vielen bunten Jäckchen und die blitzenden Silberleuchter, für die schrägen Leoparden-Kissen, die Taschen mit blinkenden Anhängern, die traumhaft bunten Tücher und wunderbar zarten Blüschen für die gelungene Party.

Diese Frau hat auf ihr Herz gehört, in der Liebe und im Beruf folgt sie den Wünschen ihres Herzens – jeden Morgen und jeden Abend. Ob putzmunter nach einem schönen langen Wochenende am Steinhuder Meer oder ein wenig müde nach einem langen Tag im Laden: Das Herz gibt den Takt vor. Es schlägt kräftig und gleichmäßig für die Freude am Leben, für die eigene Berufung. Der Beruf, der Nicole Petter rief, heißt »AllesschönmachendeglückverströmendeDekobegeisterteliebendeEhefrauundSupermami«. Puh, geht das? Irgendwie ja! Sie selbst beschreibt ihre Haltung: »Kind auf den Buckel, dann los!«

Das Ganze begann mit einem Himmelbett, dieser romantischen Konstruktion für sehnsuchtsvolle Schläfer. Die anderen, die einfach nur müde sind, betten ihr Haupt vielleicht eher auf schlichtes Kiefernholz. Zur jungen Nicole passte nichts besser als das Himmelbett. Vielleicht müssen auch ihre Träume von Ungewöhnlichem umgeben sein.

In der Schlosserei ihres Vaters in Hannover entstand nicht nur ihr Jungmädchentraum, sondern später auch die erste Geschäftsidee. Aber, bitte schön, der Reihe nach, denn auch

Jedes Einrichtungsstück wird von Nicole Petter liebevoll arrangiert – bis ins letzte Detail.

der Familienbetrieb der Bütehorns, so der Mädchenname der verheirateten Frau Petter, steht auf künstlerischen, aber soliden Beinen. Kreativ ist man hier im Betrieb, den der Vater schon vom Großvater übernommen hat. Aber auch bodenständig und geschäftstüchtig. Niedersächsische Handwerkskunst, der Betrieb ebenso umsichtig vom Vater geführt wie die Familie von der Mutter. Den Blick auf das Schöne und Außergewöhnliche haben sich aber alle bewahrt.

Und so sollte auch Nicole ihr Himmelbett bekommen. Dies jedoch, so Papa Bütehorn, setzte voraus, dass die Tochter sich auf den Hosenboden setzte und einen eigenen Entwurf zu Papier brachte. Und daraus wurde nach kurzer Zeit das erste Geschäft: »Stahlmöbel mit Stil«. Nicole entwarf das Design. Die Bütehornsche Schlosserei führte aus. So erfolgreich, dass die Familie schon bald am Wochenende bei den Gartenausstellungen im Umland zu finden war und in Hannover das erste kleine Geschäft betreiben konnte.

Schöne Möbel aus schwerem Stahl, gefertigt nach eigenen Entwürfen in der Handwerkskunst des Familienbetriebes. Von damals bis zum heutigen Geschäft, »Home – Einrichtung & Lifestyle« in der Fußgängerzone in Wunstorf, war es nur ein Katzensprung. Nun ja, die Katze musste schon sehr mutig sein und der Satz rekordverdächtig, aber Nicole machte ihr Beine! Denn eines war auch zum frühen Zeitpunkt ihrer erfolgreichen Geschäftsidee sicher: Diesen Traum wollte die junge Frau nicht aus den Augen verlieren.

Und so war der erste kleine Laden, das ehemalige Fischgeschäft an der Steinhuder Promenade mit einem gefliesten Tresen für die Fische, nur ein Übergang. Am Anfang wurde viel improvisiert, so blieb die Fischtheke im Geschäftsraum und wurde drei Tage geschrubbt. »Aber«, sagt Nicole Petter mit leuchtenden Augen, »der erste Laden war klein wie eine Puppenstube und trotzdem ein richtiges Schmuckstück, mein erstes eigenes Geschäft, jetzt konnte es losgehen.«

Sehr schnell war das Geschäft mit der heimeligen Atmosphäre unter den Kundinnen ein Geheimtipp. Sie kamen einfach vorbei, zum Stöbern und Klönen oder zur Modeberatung, denn auch darin ist Nicole Petter versiert. Sie sieht sofort, was zu einer Frau passt, rät ab oder zu und kann auch sagen: »Lassen Sie das mal, das ist nichts für Sie.«

Woher das Talent kommt, der Sinn für Linien und Formen? Es ist, so ist sich Nicole Petter sicher, eine Begabung, ein Talent. Der Zwang zur Perfektion und Schönheit sei auch ein wenig geerbt, von der Mutter – auch diese konnte die Zeit beim Dekorieren völlig vergessen. Die Tochter erinnert sich: »Mit meiner Mutter habe ich immer Schränke geschoben, sie ist die Kreative in der Familie, von ihr habe ich das wohl.«

Von der Mutter kommt sicher auch die Fähigkeit, viele Stunden am Stück konzentriert zu arbeiten und dabei sowohl die Belange des Ladens als auch die der Familie nicht aus den Augen zu verlieren. Ein Mann, zwei Kinder, ein Hund, Freundinnen und Nachbarn müssen und sollen eine Rolle spielen im Leben der Geschäftsfrau. Manchmal ist das eine Gratwanderung, bei der sie oft an die anderen, aber nicht an sich selbst denkt.

Wenn dann mal wirklich gar nichts mehr geht, sucht sie ihre Kraftorte auf. Meist am oder im Wasser. »So erhole ich mich am besten, ich brauche dann Ruhe und Wasser, gerne im Thermalwasser im nahegelegenen Bad Nenndorf. Warmes Wasser gibt Geborgenheit. So fühlt doch jedes Baby, oder?«

Denn was so leicht und lässig aussieht in ihrem Laden, ist das Ergebnis perfektionistischer Arbeit. Jedes Kleidungsstück hat die Chefin vorher geprüft, anprobiert und auf Sitz und Stil kontrolliert, bevor es auf Kleiderbügeln und in Regalen präsentiert wird. Und was für uns ein barockes Gesamtkunstwerk von Leuchtern, Kränzen, Gestecken, Kissen, silbernen Schälchen und leopardengetupften Übertöpfen ist, wurde mit leichter Hand und viel Gespür arrangiert, ist aber auch das Ergebnis vieler kleiner Änderungen. Es dauert,

So macht sie aus ihren Räumen ein stilvolles Gesamtkunstwerk.

bis alles so steht und aussieht, wie die Chefin es sich vorstellt. »Manchmal«, so sagt sie mit einem Lachen über sich selbst, »will ich den Laden zuschließen, es ist lange nach Feierabend, und dann gehe ich noch einmal zurück und rücke und schiebe noch ein wenig, bis es stimmig ist.« Das kann dann übrigens noch ein Stündchen dauern, denn: »Bei mir im Laden«, so die Macherin, »muss das Auge wandern können, wandern.« Das ist bekanntlich sehr erholsam für die Seele.

Doch Nicole Petter gibt nicht nur, sie nimmt auch: Die Freude ihrer Kunden über einen gelungenen Kauf ist ihre persönliche Freude. Ihr schönster Moment des Tages kommt, wenn eine Kundin den Laden betritt und den alles entscheidenden Satz sagt: »Ich brauche ein Geschenk.« Dann gibt es für die Deko-Expertin kein Halten mehr! Ob das Budget fünf Euro oder ein Vielfaches beträgt, leidenschaftlich betreut und glücklich verlässt jede Kundin das Geschäft.

Übrigens, seit Emma, die kapriziöse Hundedame, Mitglied der Familie ist, gibt es auch für Nicole Petter regelmäßigen Auslauf. »Und das«, so hat sie festgestellt, »tut mir richtig gut!« Beim Morgenspaziergang, wenn die Kinder in der Schule sind, entwickelt sie neue Ideen. Aber das kreative Denken funktioniert auch gut unter der Dusche. Verständlich, bei ihrer Affinität zu Wasser.

Die Einrichtungsexpertin freut sich über glückliche Kundinnen.

Sohn Maximilian scheint die Gene von Oma und Mutter geerbt zu haben. Noch hat er es nicht so mit dem »Schränke rücken«, aber wenn Mama zu Hause etwas Neues arrangiert hat, ist er der erste, der es bemerkt. Und ein fröhliches »Gut gemacht, Mama« ist für einen jungen Mann schon bemerkenswert.

Vieles wird bei der Familie Petter beim sogenannten »Waffel-Festival« besprochen. Das Rezept kommt der Hausfrau entgegen: Schnell, unkompliziert und unschlagbar lecker. Und dann lässt Nicole Petter den Blick umherschweifen und spürt sie, die »gefüllte Gemütlichkeit«. Eine eigene und eigenwillige Wortschöpfung, die genau ihre Liebe zu den Dingen des Lebens und vor allem zu den Menschen trifft.

H.O.M.E.
Einrichtung & Lifestyle
Lange Straße 12 a
31515 Wunstorf
Telefon 05031 / 7002505
www.home-lifestyle.de

NICOLE PETTERS AUSFLUGSTIPPS

Das Carpe Diem in Rehburg-Loccum Wenn Frau Petter schick essen gehen möchte, macht sie sich auf den Weg nach Rehburg-Loccum. Dort hat in der früheren Wandelhalle in den Kuranlagen vor einigen Jahren das Carpe Diem eröffnet. In den lichten, stuckverzierten Sälen sorgen das moderne Mobiliar in warmen Holztönen und die historische Bausubstanz für Spannung und Gemütlichkeit zugleich. Dass das Essen ausgezeichnet ist, zeigt die lange Liste der treuen Stammkunden, die von weit her anreisen, um hier das Essen in schönem Ambiente genießen zu können.

Carpe Diem
Friedrich-Stolberg-Allee 4
31547 Rehburg-Loccum
Telefon 05037 / 968164
www.carpediem-badrehburg.de

Insel Wilhelmstein
Nahe bei Wunstorf liegt das Steinhuder Meer, dort gibt es im Sommer eine Besonderheit: Auf der Insel Wilhelmstein werden unter anderem »Feine-Dinner-Shows« angeboten, wie zum Beispiel die Krimi-Komödie »Der Tote vom Wilhelmstein« mit Dinner-Menu, ein höchst amüsantes Rätselvergnügen mit Schifffahrt und einem verbrecherisch guten 4-Gänge-Menue.
Ticket Hotline 0700 / 23455-234
www.feine-dinner-show.de

Ohnehin hat sich die ehemalige Festung Wilhelmstein zu einem kleinen kulturellen Zentrum am Meer entwickelt. Hier finden Konzerte, Lesungen, Kunstausstellungen statt. Und wer länger bleiben und sich vielleicht sogar ein wenig gruseln möchte, kann auch in einem der sechs Doppelzimmer auf der Insel übernachten.
www.wilhelmstein.de

Kloster Loccum
Wer sich so richtig nach Ruhe sehnt, kann ins Kloster gehen. Nein, nicht für immer, das Kloster Loccum bietet »Wohnen im Pilgerhaus« an. Dort sind Ruhe und Entspannung garantiert.

Kloster Loccum
Kloster 2
31547 Rehburg-Loccum
Telefon 05766 / 96020
www.kloster-loccum.de

Bäckerei Honeck
In ihrer knapp bemessenen Freizeit schwingt sich die Familie Petter auf das Fahrrad, um zu einem ihrer Lieblingsorte zu radeln: In Winzlar ist die Biobäckerei Honeck zu Hause, mit Backstube, Café und wunderschönem Cafégarten. Besonders lecker ist dort das Eis aus eigener Herstellung, angemacht aus Naturprodukten und frischen Zutaten.

Vater Petter hat dann auf dem Rückweg eines der leckeren runden Marktbrote auf dem Gepäckträger, die aus 100 % Roggen und Sauerteig hergestellt werden, gerne auch das mit Kümmel oder, noch ausgefallener, mit Anis-Kümmel.

Biobäckerei Honeck und Café
Südstraße 14
31547 Rehburg-Loccum
Telefon 05037 / 5433
www.norberthoneck.de

Café im Kuhstall
In Wunstorf befindet sich im Ortsteil Liethe das Hofcafé von Gerda und Regina Wegener. Die beiden Frauen betreiben neben einem Hofladen auch ein gemütliches Café in einem ehemaligen Kuhstall.

Hier kauft Frau Petter gerne frisches Obst und Gemüse direkt vom Erzeuger. Qualität und Frische der Produkte stehen in diesem Hofladen an oberster Stelle. Er bietet neben selbst angepflanzten Kartoffeln und Gemüsesorten Wurstwaren vom Hausschlachter, selbst hergestellte Konfitüren (über 70 ständig wechselnde Sorten), Eingemachtes, Honig, Äpfel aus dem Alten Land, im Sommer Blumen vom hofeigenen Blumenfeld und vieles mehr. Und wenn sie schon einmal vor Ort ist, gönnt sie sich eine kleine Auszeit: Gerne ein großes Stück vom selbst gebackenen Kuchen, aber auch einen kurzen Plausch über die neuesten Wunstorfer Geschichten.

Foto: gänseblümchen / pixelio

Café im Kuhstall
Leinechaussee 44
31515 Wunstorf – OT Liethe
Telefon 05031 / 72315
www.wegeners-hof.de/cafe

Waffelrezept à la Petter

Einfach, aber lecker!

Zutaten
250 g Mehl
125 g Zucker
250 ml Milch
3 Eier
125 g Margarine oder Butter
1 Pck. Vanillezucker
1 Prise Salz

Foto: JörgBrinckheger / pixelio

Zubereitung
Zuerst Zucker, Vanillezucker und Eier verrühren.
Am besten mit einem Handrührgerät auf höchster Stufe.

Margarine oder Butter in kleinen Stückchen und anschließend
die restlichen Zutaten dazu geben und zu einem glatten Teig verrühren.

Das Waffeleisen sollte etwas eingefettet werden, bevor der Waffelteig hineinkommt.

Serviert wird die Waffel mit Sahne und heißen Kirschen …

Eine Oase aus Schokolade

Tanja Kapelles Landsitz
in der Schaumburger Toskana

Vorsichtiges Abwägen und zaghaftes Probieren ist ihre Sache nicht. Die studierte Betriebswirtin hat ziemlich genaue Vorstellungen von dem, was sie tut. »Mein Tag«, sagt Tanja Kapelle mit einem tiefen, fröhlichen Lachen, »ist ziemlich gut organisiert. Da muss alles passen, damit ich mir abends meinen Traum erfüllen kann.«

Und ihr Traum ist: Schokolade. Den teilt sie wahrscheinlich mit Millionen anderer Frauen. Aber Tanja Kapelle nascht nicht nur gern Schokolade, sie produziert ihre liebsten Sorten auch selbst. So gut, dass die Zeitschrift »Feinschmecker« ihr eine Auszeichnung verliehen hat. Das Schild ziert unübersehbar die Eingangstür zum Restaurant. So weiß der Genießer: Hier bin ich richtig.

Das Restaurant ist Teil des »Landsitzes Kapellenhöhe«, der aus dem Restaurant und einem kleinen Hotel besteht, das Tanja Kapelle 2006 gemeinsam mit ihrem Zwillingsbruder Achim Kapelle eröffnet hat. Das historische Gebäude, das schon seit Jahrzehnten für die Menschen im schönen Schaumburger Land ein Ausflugsziel war, ist heute weithin zu sehen. Denn das große Gebäude liegt auf einer Anhöhe und ist sonnengelb gestrichen. Nach Norden reicht der Blick bis zum Steinhuder Meer, nach Süden verwöhnt der Anblick der sogenannten »Schaumburger Toskana« das Auge des Betrachters.

Der Landsitz ist eine Oase für Freunde des Genusses und der feinen Lebensart, und die von Tanja Kapelle selbst geschöpfte Schokolade ist etwas ganz Besonderes. Wenn es über dem Steinhuder Meer dämmert und Tanja Kapelle zum Feierabend mit einem guten Glas Rotwein und einem Stück zart schmelzender Schokolade am Fenster sitzt, dann, so sagt sie, kann das Leben kaum besser sein.

Zum Landsitz Kapellenhöhe gehört das gleichnamige Restaurant.

Still zu sitzen, ist aber leider so gar nicht ihre Art. Wer sie kennt, weiß, sie muss immer etwas tun. Mit viel Disziplin und großer Lebensfreude. Charaktereigenschaften, die auch zu ihrem Beruf passen. Mehr als acht Stunden am Tag kümmert sie sich professionell um die Belange eines großen Seniorenheimes im nahen Stadthagen. Bei der Arbeit ist sie konzentriert. Beim Gang durch das lichtdurchflutete, charmant eingerichtete Haus zeigt sich, die Seniorinnen und Senioren liegen ihr am Herzen. Ein kurzes Gespräch hier, eine feste Umarmung dort – Tanja Kapelle liebt die Menschen, für die sie arbeitet.

Und eine besondere Freude ist es ihr, an manchen Tagen ihre Schokolade zum Nachmittagskaffee mitzubringen. »Ältere Menschen«, so hat sie beobachtet, »genießen noch viel bewusster, sind neugierig und freuen sich über besondere Kreationen mit Pfeffer, Chillischoten oder ausgesuchtem Fleur de Sel. Das ist jedes Mal eine fröhliche Degustation. Und sie beschert allen einen schönen Nachmittag.« Solche Erlebnisse machen sie glücklich und geben ihr Kraft für die Anforderungen im Beruf und die vielen Stunden, die sie ihrer Berufung widmet.

Tanja Kapelle hat sich den Traum von einem Hotel mit Chocolaterie ganz bewusst erfüllt. Wie es sich für eine Wirtschaftsfachfrau gehört, hat sie geprüft, gerechnet, abgewogen und nochmals geprüft. Wölpinghausen mit dem Ortsteil Wiedenbrügge war der passende Ort. Denn hier fanden die Geschwister das richtige Haus und, besonders

Koch Böries Halstrich präsentiert Schokoladenkreationen.

in den Anfangsjahren, ein berufliches Standbein in der Nähe. Die studierte Betriebswirtin kommt aus Süddeutschland, war erfolgreich in der Wirtschaft tätig, wusste aber immer: »Irgendwann mache ich mich mit meinem Bruder selbstständig.« Achim Kapelle ist der Weinkenner. Tanja Kapelle hat bisher über 20 ausgefallene Schokoladenkreationen geschaffen. Ausgesuchte, sehr hochwertige Zutaten und viel Leidenschaft sind die Basis ihres Erfolges.

Vieles hat sie erst durch Probieren und Versuchen erfahren. »Schokolade«, so berichtet sie aus ihren Anfängen als Chocolatière, »belohnt dich für deine Mühe mit zartem Schmelz und göttlichen Genüssen. Aber wenn du die Zutaten nicht richtig behandelst, nicht sanft und beständig rührst und dir Zeit nimmst für die Schaffung von neuen Kreationen, dann ist die weiche Masse sperrig wie ein Kaktus.«

Heute kann sie über diesen Vergleich lachen, aber es gab auch Stunden voller Sorge, in denen sie sich fragte, ob alles klappt und gut geht. »Manchmal brannte noch spät nachts das Licht bei mir in der Hotelküche, weil ich einfach nicht aufgeben wollte.« Immer wieder hat sie die Schokoladenformen gefüllt. Sie erinnern an kleine Setzkästen. Manche haben am Boden ein feines Muster, das sich dann auch auf den Tafeln findet, und alle sind in viele Rechtecke unterteilt, damit die fertigen Tafeln besser gebrochen werden können. In kleine Stückchen oder in große Rechtecke.

Mitarbeiterin Elke Beutler, erste Chokoladendame, und Achim Kapelle zeigen, was alles aus der Kakaobohne werden kann.

Die vielen Stunden Schlaf, die sie der Schokolade geopfert hat, haben sich gelohnt. Heute kommen am Wochenende viele auch von weit her, um eine Tasse wundervolle Schokolade zu trinken und ein paar neue Schöpfungen aus der Chocolaterie von Tanja Kapelle mit nach Hause zu nehmen. Entspannen lässt sich in den besonderen Räumen ganz bestimmt. Nicht nur der Blick aus dem Fenster ist besonders. Auch die Räume im alten Haus sind stimmungsvoll dekoriert. Das Welfenzimmer erinnert an eine alte Bibliothek, und der Wintergarten verströmt italienisches Flair. In den Regalen warten bunte und goldene Sammeltassen auf den Genießer.

Die Köstlichkeiten aus der kleinen Manufaktur sind so gut, dass selbst Prinz Heinrich von Hannover aus dem Haus der Welfen es sich nicht nehmen lässt, regelmäßig bei Tanja Kapelle zum Naschen vorbei zu schauen. Das ist, wenn man die Geschichte der Schokolade verfolgt, beim Adel ohnehin gute alte Tradition, denn Kakaobohnen waren früher so wertvoll, dass das Getränk dem Adel vorbehalten war. Schon im 18. Jahrhundert traf man sich nachmittags auf ein Tässchen heiße Schokolade bei Hofe. Wer solch eine Einladung bekam, durfte sich geehrt fühlen. Und tat damals wie heute etwas für seine Gesundheit. Gute Schokolade mit geringem Zuckeranteil und vielen guten Zutaten gilt als kräftigend und nervenstärkend.

Auch Tanja Kapelle kann besonders stilvoll sein, wenn der Hochadel auf ein Tässchen vorbeikommt: Den Prinzen von Hannover empfängt sie mit Hut – und einer Tasse heißer Schokolade.

**Landsitz Kapellenhöhe
Auf der Heide 32
31556 Wölpinghausen
Ortsteil Wiedenbrügge
Telefon 05037 / 3000399
www.kapellenhoehe.de**

TANJA KAPELLES GANZ BESONDERE LIEBLINGSORTE

Wilhelm-Busch-Dorf Wiedensahl
Tanja Kapelle liebt nicht nur die Geschichte der Schokolade, sondern auch die Geschichte der Region. Das Hotel Kapellenhöhe liegt in der vielleicht romantischsten Gegend der Region Hannover. Von hier aus können viele Reisen in die Vergangenheit beginnen.

Etwa zum »Wilhelm-Busch-Dorf Wiedensahl«: Dort ist im Geburtshaus ein Museum mit angeschlossenem Café eingerichtet.

Wilhelm-Busch-Geburtshaus
Hauptstraße 68a
31719 Wiedensahl
Telefon 05726 / 388
www.wilhelm-busch-geburtshaus.de
www.cafe-busch-keller.de

Schloss Stadthagen
In Stadthagen mit Schloss, Schlossgarten, Park-Café und schönem Marktplatz findet Tanja Kapelle Anregungen und Ruhe zugleich.
Tourist-Information Stadthagen
Am Markt 1
31655 Stadthagen
Telefon 05721 / 925065
www.stadthagen.de

Jagdschloss Baum
Jagdschloss Baum, auch Schloss Rusbend genannt, ist ein ehemaliges Lustschloss der Grafen von Schaumburg-Lippe mit schön erhaltener Wasserkunst. Die Besichtigung ist allerdings nur von außen möglich.

Jagdschloss Baum
Rusbender Straße | 31675 Bückeburg
Telefon 05702 / 791
Tourist-Information Bückeburg
Telefon 05722 / 893181
www.schaumburgerland-tourismus.de

Steinhuder Meer mit dem Wilhemstein
Ihre überschaubare Freizeit verbringt Tanja Kapelle besonders gern am Steinhuder Meer. Die Inselfestung Wilhelmstein hat, historisch betrachtet, für sie eine besondere Anziehung, denn der Erbauer, Graf Wilhelm zu Schaumburg-Lippe, war gleichzeitig der »Urvater« des »Chocoladentums« in Deutschland. Er selbst ist wohl früher in Portugal auf die Chocolade aufmerksam geworden, hat sie mitgebracht und ihre Herstellung in der Region gefördert. Gleichzeitig war er es auch, der die erste deutsche Chocoladen-Konzession erteilt hat – Geld konnte und wollte man schon immer mit Schokolade verdienen …

Heute ist der Wilhelmstein zentraler Anlaufpunkt für Segler und die sogenannten »Auswanderer Boote«, die Touristen befördern. Auf dem Wilhelmstein wird meist jährlich eine besondere Kunstausstellung veranstaltet.

Inselfestung Wilhelmstein
31515 Wunstorf
Telefon 05033 / 1436
www.wilhelmstein.de
www.steinhuder-meer.de

Schloss Bückeburg

Schloss Bückeburg ist Stammschloss des Fürsten Alexander zu Schaumburg-Lippe. Das Gebäude ist ein Meisterwerk der Weserrenaissance und hält für die Besucher viele Kunstschätze bereit, z.B. die goldene Pforte, die nach Tanja Kapelles Interpre-

tation direkt in den »Chocoladen-Himmel« führt. Ein weiteres Highlight ist die fürstliche Barock-Hofreitschule, die immer einen Besuch wert ist.

Schloss Bückeburg
Schlossplatz 1
31675 Bückeburg
Telefon 05722/5039
www.schloss-bueckeburg.de

Herrenhäuser Gärten
Die Herrenhäuser Gärten sind das ganze Jahr über einen Besuch wert: die Niki de Saint Phalle-Grotte, die große Fontäne, die bei einsetzender Dunkelheit angeleuchtet wird, die kleinen beleuchteten Barockgärtchen, die Illuminationen und das »Kleine Fest« – »einfach traumhaft«, sagt Tanja Kapelle.
Herrenhäuser Gärten
Herrenhäuser Straße 4
30419 Hannover
Telefon 0511/16844543
www.hannover.de/Herrenhausen

Filou – Die Kneipe
Und wer sich nach den Besichtigungen erholen möchte, der trifft sich vielleicht mit einigen netten Freunden in der Steinhuder Kneipe »Filou« – auf ein Bier, einen Wein oder ein gutes Doppelkopfblatt.
Filou – Die Kneipe
Bleichenstraße 9
31515 Steinhude
Telefon 05033/5712
www.filou-die-kneipe.de

Gefülltes Choco-Hühnchen auf Pastinaken-Püree

Zutaten

1 Hühnchenbrustfilet ca. 120 bis 150g
45 g 60%-Schokolade
1 getrocknete Soft-Aprikose
1 Pastinake ca. 80 g bis 100g
1 kl. Knollensellerie
1 Zwiebel
2 cl Frucht-Alkohol mit ca. 30%
(Alternative mit Pineau des Charentes)
ca. 45 g Butter
Deko-Sprossen
Salz, Pfeffer, Chili
Zahnstocher

Zubereitung

Hühnchenbrustfilet seitlich aufschneiden und eine »Tasche« für die mit Schokolade gefüllte getrocknete Soft-Aprikose fertigen, die gefüllte Aprikose in die Tasche positionieren und mit einem Zahnstocher verschließen. Die gefüllte Hähnchenbrust mit Salz und Pfeffer würzen und in einer antihaftbeschichteten Pfanne von beiden Seiten anbraten, jede Seite ca. drei Minuten bei mittlerer Hitze. Danach in den Backofen und bei ca. 100° C für 20 Minuten die Hühnerbrust garziehen lassen.

Für die Sauce die Zwiebeln in etwas Butter glasig anbraten, mit Salz und Pfeffer würzen und kleingehakte Schokolade hinzufügen. Mit Alkohol glattrühren.

Die Pastinake klein schneiden, in einem kleinen Topf mit etwas Salzwasser kochen, bis die Pastinake weich ist, überschüssiges Kochwasser abgießen, Pastinake mit einer Gabel zerstoßen und mit ca. 20 Gramm Butter zu Püree verarbeiten. Mit einer Prise Salz und Pfeffer abschmecken.

Knollensellerie in mehrere kleine Würfel von ca. 1 x 1 cm schneiden, mit etwas Wasser aldente kochen und dann kurz kross anbraten sowie mit einer Prise Salz und Pfeffer würzen.

Blaubeeren machen schön

Sylke Herses Bickbeernhof in Brokeloh

Wer mit Bickbeeren – so nennt man Blaubeeren in Norddeutschland – zu tun hat, bekommt eine wundervolle Haut. Das fällt auf. Die jungen Damen, die im Café des Bickbeernhofes von Sylke Herse in Brokeloh fröhlich umherwuseln und die gesunden Leckereien zu den Gästen bringen, strahlen und sehen gesund und munter aus.

Bickbeeren pflegen die Haut von innen. Soviel Gutes steckt in den kleinen blauen Dingern, dass sich in der Saison eine Blaubeerenkur wirklich lohnt. Wer ausreichend Blaubeeren futtert, nimmt die wichtigen Flavonoide und Polyphenole zu sich. Das klingt sehr theoretisch, ist aber wichtig, denn diese Stoffe sind gut für die Zellen, schützen vor Entzündungen und Infektionen und liefern gleichzeitig Vitamin C und Mineralstoffe. Außerdem hilft der alte Tipp von Sylke Herses Mutter noch immer: Blaubeeren sind gut bei Durchfällen und stärken den Darm. Also, immer rein damit.

In der angrenzenden Küche rollen die dicken Blauen pflückfrisch aus dem Weidenkorb auf die Teller und in die Servierschalen. Frisch geschlagene Landsahne ist das duftige Polster für die vitaminreichen Früchte. Die Chefin selbst kreiert die Eisbecher und achtet darauf, dass die hausgemachten, goldgelben Kartoffelpuffer eine große Portion Blaubeeren mit auf den Teller bekommen – eine besondere Kreation und ein Familienrezept.

Sylke Herse kennt die Bickbeeren von Kindesbeinen an. Die Beeren, die Sträucher und die Plantage. Der Bickbeernhof mit seinen 25 Hektar ist Familienbesitz. Er ist seit über 40 Jahren ein Ort der Arbeit, des Genusses und der ländlichen Tradition. Aber erst durch Sylke Herse, drittes von vier Kindern, wurde der Hof weit über die Grenzen von Brokeloh im Landkreis Nienburg/Weser bekannt. Nur durch sie wurden sowohl das Café mit den gemütlichen Eichenmöbeln und dem auffälligen Grasdach als auch die Plantage zu einem Anziehungspunkt für Genießer.

Anziehungspunkt für Genießer: Das Grasdachcafé.

Der Tag auf dem Hof beginnt während der Saison früh am Morgen. Bereits gegen sechs Uhr sind die ersten Pflücker zwischen den Sträuchern zu finden. Die Bio-Beeren werden sorgfältig von Hand gepflückt und noch am gleichen Tag für den Versand vorbereitet. Die »Dicken Blauen« sind im Sommer dann auch auf den umliegenden Märkten zu finden.

Doch am allerbesten schmeckt die blaue Versuchung direkt vom Strauch. Oder im Hofcafé. An manchen Tagen tummeln sich viele fröhliche Pflücker in der Plantage und besetzen anschließend in der wohlverdienten Pause die Bänke auf der sonnigen Terrasse.

Hier beginnt das Reich von Sylke Herse, die mit lockerer Hand über tausende Blaubeersträucher regiert. Liebevoll gepflegt und sorgsam gehegt, schenken sie ihr jedes Jahr viele hundert Pfund feinster Früchte. 15 Sorten wachsen dem Genuss entgegen, ein Obstpralinchen der besonderen Art. Und genau die richtige Belohnung nach einem Tag voller Arbeit.

Sylke Herse hat lange gezögert, bevor sie sich für die Plantage entschieden hat. Dass es kein einfaches Leben werden würde, hat sie im eigenen Elternhaus erlebt. Fast alles wurde durch die »blaue Brille« gesehen. »Das Wetter, die Wochenenden, die Freizeit, auch die täglichen Mittag- und Abendessen, überall standen unsere Bickbeeren im Mittelpunkt.«

Wer in der Landwirtschaft etwas besonders Gutes erzeugen will, muss zunächst geben. Landprodukte wollen geliebt und gepflegt, gehegt und betreut werden, dann sind sie

Kartoffelpuffer mit Blaubeerkompott: Der pure Genuss!

dankbare Kinder. Das ist auch bei den kleinen Bickbeeren nicht anders. So klein sie sind, so groß ist ihr Drängen nach Licht und Luft, nach gutem Boden und behutsamer Pflege. Bei Sylke Herse klappt das so gut, dass sie 2011 die Bioland-Zertifizierung beantragt hat.

Die Saison beginnt für Sylke Herse, wenn sie ihren kleinen Laden neben dem Café wieder öffnet. All die schönen Dinge, die für behagliches Landleben stehen, dekoriert sie gern und freut sich, wenn ihr Angebot gefällt. Und wer nicht genug bekommen kann vom blauen Wunder, nimmt nicht nur frische Blaubeeren mit, sondern auch gesunde Säfte und liebevoll gerührte Marmeladen. Das neue, einladende Café und der kleine Hofladen sind ihre Idee. »Besonders der Hofladen liegt mir am Herzen, es macht hier einfach Spaß, schöne Dinge zu verkaufen.« Ihr Angebot reicht vom Einkaufskorb über besondere Seifen bis hin zu selbst hergestellten Heidelbeersäften und Marmeladen.

Häufig ist sie auch in der großen Küche zu finden. Viele Rezepte hat sie selbst entwickelt. Und im Café ist immer jemand aus der Familie anwesend. »Unsere Stammkunden kenne ich alle, da ist immer Zeit für ein Schwätzchen, das lasse ich mir nicht nehmen.« Die Chefin wundert sich schon lange nicht mehr, wenn angereiste Damengrüppchen plötzlich wortkarg werden. Wenn auf dem Tisch dampfende Kartoffelpuffer mit Blaubeerkompott oder luftige Hefeklöße, die in selbst gerührter Blaubeermarmelade baden, stehen, wird die Unterhaltung gedämpfter. Eines geht nur: genießen oder plaudern! Und dann dieser Duft!

Sylke Herse »regiert« über tausende Blaubeersträucher.

Die Beeren müssen nicht immer von der Hand in den Mund verzehrt werden. Silke Herse hat, schon aus alter Familientradition, wunderbare Rezepte. »Blaubeeren, Quark und Sahne, Vanilleeis oder Eierlikör sind eine tolle Kombination und können Zutaten sein für ein festtagstaugliches Dessert. Für den Alltag sind die Blaubeeren mit guter Landmilch sehr lecker, und eine Quarkspeise essen auch Kinder gern.« Besonders, wenn ein paar Schokostreusel in das Schüsselchen rieseln …

Heidelbeeren sind nicht nur süß unterwegs. Sie mischen sich auch gern unters herzhafte Volk. Bickbeeren im Salat mit einem schönen Balsamico-Essig oder in einer Bratensoße, gleich mit dem Fleisch geschmort, ergeben ein besonderes Aroma. Und Eierpfannkuchen, herzhaft gefüllt mit Lauchzwiebeln und Bickbeeren, dazu ein Glas Heidelbeermilch, sind eine gute, gesunde vollwertige Mahlzeit. Ein kleiner Snack zum Wein: Blaubeeren und ein goldbraun ausgebackener Camembert. Dazu ein Stück Baguette. Schöner kann ein Abend zu zweit nicht beginnen.

Auf der Terrasse mit Blick auf die Plantage schwirrt dann die Luft, fröhliche Wortfetzen lassen sich aufschnappen, und die Gespräche hüpfen hin und her. »Bei uns«, so die Chefin der Blaubeeren , »sitzt man an langen Tischen, da lernt man sich gleich kennen. Unsere Gäste lieben das.«

Pflückfrische Blaubeeren – zum Versand oder selber essen.

Übrigens, eine Deutsche Blaubeerkönigin gab es auch schon in der Familie: 2012 trug die hübsche Tochter Ida die Krone und den Blaubeerkorb mit Sachverstand und Charme. Und es zeigt sich wieder: Blaubeeren machen irgendwie schön ...

Im Sommer lässt die Speisekarte des Bickbeern-Cafés keine Wünsche offen. Es gibt eine »Milchkarte« mit tollen Leckereien auf der Basis von Milcheis, Joghurt und guter Vollmilch. Und für den großen Hunger kommt aus der Küche ein verführerisches Blaubeermettwurst-Brot. Oder bestellen wir doch lieber die Hefeklöße mit Zimtzucker und Blaubeer-Dessert? Die Qual der Wahl, aber die Lösung ist ganz simpel: einfach wiederkommen!

AUSFLUGTIPPS VON SYLKE HERSE

Bad Rehburg

Bad Rehburg ist einer der liebsten »Kraftorte« von Sylke Herse. Zur Entspannung schlendert sie gerne durch die historischen Königlichen Badeanlagen, die im diesem herrlich alten Kurort liebevoll wieder hergestellt worden sind. Die Wandelhalle mit Konzertsaal, das Neue Badehaus und die Friederikenkapelle mit malerischen Aussichtspunkten sind für sie Erholungsorte, an denen sie richtig auftanken kann.

Romantik Bad Rehburg
Friedrich-Stolberg-Allee 4
31547 Rehburg-Loccum
www.badrehburg.de

Antik Service Uwe Baars

Ein guter Freund der Familie Herse ist Uwe Baars, der Besitzer von »Antik Service Uwe Baars« in Stöckse. Ein ganzes Haus und ein großer Garten beherbergen ausgefallene Dinge wie Antiquitäten, Pflanzen und Stauden, Stoffe und Bekleidung, Gartendekorationen, historische Baumaterialien bis hin zu ausgefallenem Schmuck und ganz besonderen Seifen.

Hier finden auf dem Gelände das ganze Jahr hindurch Ereignisse statt: Vom »Frühlingserwachen« im April bis hin zum »Lichterglanz & Weihnachtsduft« im Dezember. Der Hof ist zu jeder Jahreszeit einen Besuch wert!

Antik Service Uwe Baars
Sonnenborsteler Weg 14
31638 Stöckse
Telefon 05026 / 900090
www.antikservice-baars.de

Rittergut Brokeloh

Das Rittergut Brokeloh, das alte Münchhausenschloss, ist »gleich um die Ecke« gelegen. Hier kann man Ferienwohnungen mieten oder eine Nacht im Heuhotel verbringen. Wer mag, darf hier auch Urlaub mit eigenem Pferd machen, Unterkünfte für Mensch und Tier sind vorhanden.

Alljährlich im August findet auf Gut Brokeloh ein Fest für Fantasy-Freunde statt: Das

Fantastica Festival lockt tausende von Fans an.

Rittergut Brokeloh
Rittergut Brokeloh 1
31628 Landesbergen
Telefon 05027 / 1341
www.rittergut-brokeloh.de

Rittergut Evensen
Ganz in ihrer Nähe liegt das Rittergut Evensen. Dessen Besonderheit ist unter anderem

eine Ölmühle. Hier werden nach alten Techniken Öle hergestellt, die man gleich vor Ort kaufen kann. Wer mag, kann hier auch übernachten, u.a. im Heuhotel.

Rittergut Evensen
Schelppwisch 1
31535 Neustadt am Rübenberge
Telefon 05072 / 583
www.rittergut-evensen.de

Der Nienburger Wochenmarkt
In Nienburg, mitten im Herzen der historischen Altstadt, im südlichen Bereich der Hauptfußgängerzone, findet zweimal wöchentlich Markt statt. Und was für einer! Der Nienburger Wochenmarkt wurde von der gemeinnützigen Stiftung »Lebendige Stadt« zum schönsten Wochenmarkt Europas gekürt. Eine Fachjury wählte den Nienburger Markt aus mehr als 100 Bewerbungen aus.

Tourist-Information Nienburg
Lange Straße 18
31582 Nienburg/Weser
Telefon 05021/917630
www.nienburg.de/unsere-stadt/wochen-markt-nienburg
http://www.mittelweser-tourismus.de/kulinarisches/regionale-spezialitaeten/europas-schoenster-wochenmarkt.html

Radtouren durch die Brokeloher Heide
Im Sommer ist die Freizeit von Sylvia Herse mehr als begrenzt, aber für eine Radtour im Herbst und Winter ist sie immer zu haben. Sie radelt gerne durch die Brokeloher Heide oder zum Steinhuder Meer.

Tourenvorschläge:
Mittelweser-Touristik GmbH
Lange Straße 18
31582 Nienburg
Telefon 05021/917630
www.mittelweser-tourismus.de

Sylke Herses Heidelbeer-Streuselkuchen

Zutaten für 16 – 20 Stücke

Für den Rührteig:

250 g Butter

200 g Zucker

1 Päckchen Vanillezucker

4 Eier

500 g Mehl

1 Päckchen Backpulver

1 Prise Salz

Für den Belag:

1 kg Heidelbeeren

½ Zitrone

250 g Butter

250 g Zucker

250 g Mehl

80 g gehackte Haselnüsse

Zubereitung:

Für den Teig Butter, Zucker und Vanillezucker cremig rühren. Eier nacheinander unterrühren. Mehl, Backpulver und Salz mischen, zur Ei-Zuckermasse geben und kurz unterrühren. Ein Backblech einfetten oder mit Backpapier auslegen. Rührteig gleichmäßig auf
das Backblech streichen.

Für den Belag die Heidelbeeren waschen, abtropfen lassen, verlesen und auf dem Teig verteilen. Mit etwas Zitronensaft beträufeln.

Für die Streusel Butter in kleine Stücke schneiden, mit den restlichen Zutaten in eine
Schüssel geben und mit den Händen zu mittelgroßen Streuseln verarbeiten. Gleichmäßig
auf die Heidelbeeren streuen.

Heidelbeer-Streuselkuchen im vorgeheizten Backofen auf der mittleren Schiene bei 175°C
etwa 40 Minuten backen. In Stücke schneiden und lauwarm oder kalt servieren. Nach Be-
lieben Schlagsahne und frische Heidelbeeren dazu reichen.

Frische Luft und Zuwendung

Das Geheimnis von Claudia Gellersens Schönheitsfarm in Rieste

Schönheit entsteht, wo Schönheit gelebt wird. Das könnte das Motto für das Lebenswerk von Claudia Gellersen sein. Die gelernte Kosmetikerin betreibt in Rieste im Osnabrücker Land eine Beauty- und Wellnessoase, die heute zu den besten des Landes gehört. Ein Ort, der den Frauen gehört und so viel Ruhe, Frieden und Glück ausstrahlt, dass schon ein Stündchen auf der Parkbank irgendwie schöner macht. Aber das ist bei weitem nicht das einzige Geheimnis von Claudia Gellersen.

Wer Gut Varendorf durch das große, kunstvoll geschmiedete Tor betritt, erlebt eine Welt voller Zuwendung und Geborgenheit. Und eine Chefin, die einfach immer für alle da ist. Und sich damit ihren eigenen Traum erfüllt hat.

Anno 1987 war Gut Varendorf eine richtige Ruine. Wenn es nach den Wünschen ihrer Großmutter gegangen wäre, die das Gut in die Familie von Claudia Gellersen gebracht hat, dann würden heute Senioren im Innenhof in der Sonne sitzen. Die Enkelin jedoch, ausgebildete Kosmetikerin, hatte eine Vision.

Und die Energie und Tatkraft, aus diesem schönen, wenn auch leicht maroden Gebäude etwas Besonderes zu machen. »Sie können sich nicht vorstellen, wie das hier aussah, erinnert sich Claudia Gellersen, »die Anlage war romantisch, aber eigentlich mehr eine Ruine als ein Herrenhaus.« Und trotzdem, genau hier wollte sie ihr Konzept einer Schönheitsfarm verwirklichen.

Wer Claudia Gellersen genau beobachtet, sieht, in dieser zarten Person mit dem wuscheligen blonden Kopf stecken eine Menge Energie und ein ausgeprägter Wille. Deshalb

Von der Ruine zur puren Idylle: Gut Varendorf mit Hausteich.

wurde umgesetzt, was sich die zukünftige Chefin vorstellte. Ihre Gedanken schweifen lassen kann Claudia Gellersen besonders gut im alten Bienenhäuschen in einem stillen Winkel des großen Grundstücks. Dort hat früher einmal ein Imker seine leeren Bienenkörbe verstaut. »Hier«, so erzählt die viel beschäftigte junge Frau, »ist einer meiner Lieblingsplätze. Alles ist so gemütlich und solide. Es gibt viel unbehandeltes Holz, das rieche ich so gern, es erinnert an eine Hütte in den Alpen.«

Sie kann zurückblicken auf 26 arbeitsreiche Jahre. Begonnen hat es einmal mit nur vier Einzelzimmern. Und mit einer ganz besonderen Idee. Auf Gut Varendorf wurde schon vor mehr als 25 Jahren der Schwerpunkt auf Kosmetik und Bewegung an der frischen Luft gelegt. Einen richtigen Stundenplan hat Claudia Gellersen für die Besucherinnen zusammengestellt. Ein Tagesprogramm, das bei aller Entspannung auch eingehalten werden sollte. Und das seit über 25 Jahren viel mehr ist als nur ein bisschen Creme, Massage und Sauna.

Zum wirklich ganzheitlichen Konzept von Claudia Gellersen gehört die Pflege von Körper und Seele. Unvergessen sind für viele Frauen die Abende im Bademantel am Kamin, bei einem guten Glas Rotwein und Gesprächen, die schnell an das Miteinander guter Freundinnen erinnern. Die bewusste Beschränkung auf nur 23 Frauen garantiert die hervorragende Qualität. Da ist die junge Chefin ganz Geschäftsfrau: »Von nix kommt nix!«, weiß sie ganz genau, »erst wenn die Gäste zufrieden sind, bin ich es auch.«

Die zwanglose Atmosphäre im Haus lag Claudia Gellersen von Anfang an am Herzen: »Wer zu mir kommt, sollte mal wirklich raus aus dem Alltag«, erläutert sie ihre Philosophie, »kein Kostüm, keine Pumps, kein Make up. Der Bademantel ist in dieser Woche das einzige Kleidungsstück.« Zu allen Mahlzeiten und zu jeder Tageszeit. Auf Gut Varendorf sieht man weiß bemäntelte Damen höchst entspannt zu den jeweiligen Anwendungen huschen und wünscht sich schnell, sich da einreihen zu können. Auch beim Nachmittagskaffee mit Kuchen aus der hauseigenen Bäckerei. Entspannung unter alten Eichen. Entweder in Gesellschaft oder allein. Aber immer eingekuschelt in den Bademantel.

Was heute so leicht und unbeschwert aussieht, ist das Ergebnis guter Ideen, konsequenter Planung und einer gehörigen Portion Optimismus. »Natürlich«, so erinnert sich die engagierte Kosmetikerin, » galt eine Schönheitsfarm in den 90er Jahren noch als etwas leicht Anrüchiges. Dass es für berufstätige und stark eingespannte Frauen im heutigen Wirtschaftsleben einer der besten Orte ist, um zu entspannen, konnte sich da keiner so richtig vorstellen.«

Dabei kommen ihre Kundinnen aus ganz unterschiedlichen Berufen: Da ist die Hausfrau, die ein besonderes Geschenk ihrer Familie genießt, genauso wie die Ärztin, die Hotelbesitzerin oder die Lehrerin, die zugunsten einer Woche im Osnabrücker Land bei Claudia Gellersen auf eine Urlaubsreise in exotische Länder gern verzichtet.

Für ihre Idee und ihre Überzeugung hat die Besitzerin von Gut Varendorf in den vergangenen Jahren kein Risiko gescheut. Jede Erweiterung brachte auch immer zähe Ver-

Die Zimmer bieten stilvollen Komfort.

Das Kaminzimmer ist ein wunderbarer Ort zum Entspannen.

Claudia Gellersens Lieblingsplaltz auf der Bank …

handlungen mit den Banken. »Da hatte ich schon schlaflose Nächte«, sagt sie, »und man muss auch die Banken überzeugen, dass es sich lohnt, in ein solches Projekt zu investieren – in eine Schönheitsfarm, das müssen sie einem Bankberater erst einmal schmackhaft machen.«

Das hat sie geschafft und sie hat sich längst in der Branche einen Ruf erworben. Das Haus wird fast jährlich als eines der deutschlandweit besten ausgezeichnet. Wer kommen will, muss lange im Voraus buchen; eine Woche auf Gut Varendorf ist inzwischen ein begehrtes Gut. Die Besucherinnen wissen, an diesem Ort sind Ruhe und Streicheleinheiten für die Seele zu finden. Und eine gute Fee namens Claudia Gellersen, die immer für alle da ist und Wohlbefinden verströmt.

Nur manchmal, da schleicht sie sich zu einem ihrer Lieblingsplätze: Der Bank unter der mächtigen Trauerbuche. Aber sie weiß: »Da sitze ich eigentlich viel zu selten, ich muss bei meinen Kundinnen sein.« Das wird sie sicher noch viele Jahre tun. Ihr großes Vorbild ist die Grande Dame der Schönheitsfarmen: Gertrud Gruber vom Tegernsee. »Die«, so Claudia Gellersen, » ist auch mit 90 Jahren noch im Geschäft.« Ein Ziel, das Claudia Gellersen auch erreichen möchte. Ihren Kundinnen kann man es nur wünschen. ◗

**Gut Varendorf
Beauté und Fitness GmbH
Vahrendorfstraße 123
49597 Rieste
Telefon 05464 / 92050
www.gut-varendorf.de
Besuche und Buchung nach
Anmeldung, Informationen
auch per Telefon**

WOHLFÜHL-REZEPTE DER SCHÖNHEITSEXPERTIN CLAUDIA GELLERSEN

Golf spielen

Der tägliche Frischluft-Kick ist der Kosmetikerin ganz wichtig. Radfahren und Golf sind für sie wundervolle Betätigungen.

Unweit von Gut Varendorf gibt es den Golfplatz Artland, in dem Claudia Gellersen auch Mitglied ist und einen Teil ihrer knappen Freizeit verbringt.

Artland Golfclub e.V.
Zum Golfplatz 23
49577 Ankum
Telefon 05466 / 301
www.artlandgolf.de
Aber auch direkt am Haus können interessierte Gäste erste Erfahrungen sammeln. Die Schönheitsfarm verfügt über eine kleine Übungsanlage und einige Golflöcher. Der Lebensgefährte von Claudia Gellersen steht zudem als Golflehrer zur Verfügung.

Radtouren zur Hase und ins Mittelalter

Für Radtouren empfiehlt sich der Radwanderweg entlang des Flüsschens Hase. Die Strecken sind flach, gut ausgeschildert und in unterschiedlich langen Etappen zu radeln. Genuss und Bewegung lassen sich hier bestens verbinden.

Kommende Lage

Vom Gut Varendorf ebenfalls mit dem Fahrrad zu erreichen ist die Wallfahrtskirche Kommende Lage in Rieste.

Seit dem Mittelalter gilt die Kirche als Pilgerstätte, weil dem Heiligen Kreuz im Innenraum der Kirche heilende Kräfte zugesprochen werden. Ein Ort zur Meditation und zum Verweilen ist der Kirchenraum allemal.
Katholische Kirche St. Johannis der Täufer
Lage 7
49597 Rieste
www.kkg-lagerieste.de

den Dom unter alten Platanen gibt es samstags einen der schönsten Wochenmärkte Niedersachsens. In der Weihnachtszeit lockt der Weihnachtsmarkt mit berauschenden Düften und Leckereien.

Shoppingtouren ins Frauenzimmer

Claudia Gellersen weiß: Wenn sich Frauen richtig wohl fühlen in ihrer Haut, ist ein Einkaufsbummel sozusagen das Sahnehäubchen auf der guten Stimmung.

Ihre Kundinnen schickt sie gern ins Katharinenviertel nach Osnabrück. In der Fußgängerzone rund um die Katharinenkirche kann man hervorragend bummeln; hier finden sich viele kleine Geschäfte, die dazu reizen, es sich richtig gut gehen zu lassen. Der Geheimtipp von Claudia Gellersen ist das Modegeschäft »Frauenzimmer«.

FrauenZimmer
Adolfstraße 32
49078 Osnabrück
Telefon 0541/6002616
www.frauenzimmer-fashion.de

Attraktionen in Osnabrück

Der Ort hat sich durch seine wunderschöne Altstadt einen Namen gemacht. Rund um

Die Altstadt rund um das Heger Tor ist der Treffpunkt der Nachtschwärmer. Da Osnabrück auch Studentenstadt ist, sind die kleinen Gassen bis spät in die Nacht be-

lebt. Und wenn im Schankraum kein Platz mehr ist, wird das Bier kurzerhand durchs Fenster nach draußen gereicht. Auch eine gute Art, um Menschen kennen zu lernen …
Infos unter www.osnabrück.de

Das Osnabrücker Umland
Wer das Umland erleben möchte, merkt sich vielleicht die sogenannte »Osnabrücker Bäderstrasse« östlich von Osnabrück mit den kleinen Orten Bad Laer, Bad Rothenfelde und Bad Essen. Jeder für sich bietet Entspannung und Erholung in Reinform.

In der Nähe des Kurortes Bad Essen liegt das bekannte Schloss Ippenburg, wo Viktoria Freifrau von dem Bussche mehrmals jährlich zu Gartenfestivals einlädt.
Schloss Ippenburg
Schlossstraße 1

49152 Bad Essen
Telefon 05472/9776336
www.ippenburg.de

Das benachbarte Schloss Hünnefeld bietet ebenfalls einen wunderschönen Garten und im Gästehaus geschmackvolle Zimmer, in denen sich jede gleich als Schlossherrin fühlt.

Das angrenzende Schlosscafé, die »Alte Rentei«, lädt zu Kaffee und Kuchen auf dänische Art, denn die Hausherrin Luise Freifrau von dem Bussche-Hünnefeld stammt aus Dänemark. Hier können Sie auch eine dänische Teestunde genießen.
Schloss Hünnefeld
49152 Bad Essen
Telefon 05472/4428
www.schloss-huennefeld.de

Gut Varendorf's Schwarzbrottorte

Zutaten
ca. 500 g Schwarzbrot, geschnitten

Für die Paprikakäsefüllung
200 g Frischkäse
1 Zwiebel
Je 1 rote, gelbe und grüne Paprikaschote
1 EL Tomatenketchup
Salz, Pfeffer, Paprika zum Würzen

Für die Kräuterkäsefüllung
400 g Frischkäse
1 Zwiebel
Je 1 Bund Petersilie und Schnittlauch
Knoblauchzehen
Salz und Pfeffer zum Würzen

Zum Garnieren
2 hart gekochte Eier

Zubereitung
Den Boden einer Springform mit Schwarzbrot auslegen. Für die Paprikafüllung Paprika und Zwiebeln fein würfeln und anschließend mit dem Frischkäse und dem Tomatenketchup verrühren. Mit Salz, Pfeffer und Paprika abschmecken. Den fertigen Paprikakäse auf die Schwarzbrotschicht in der Springform streichen und erneut eine Schwarzbrotschicht darauf legen. Für die Kräuterkäsefüllung Zwiebeln, Knoblauch und Kräuter fein hacken und mit dem Frischkäse vermengen. Mit Salz und Pfeffer abschmecken. Die Hälfte der Käsefüllung auf die Schwarzbrotschicht geben und glattstreichen. Erneut eine Schwarzbrotschicht auf die Käsefüllung legen und die zweite Hälfte der Kräuterkäsefüllung darauf verteilen und glatt streichen. Die Torte sollte einige Stunden im Kühlschrank durchziehen. Kurz vor dem Servieren noch mit Eierscheiben, Paprikawürfeln und gehackten Kräutern verzieren.

Design und Deko, Krempel und Kitsch

Mechthild Wilkes Wohnerlebnis-Welt in Oldenburg

Geboren wurde Mechthild Wilke in einem kleinen Dorf in der Nähe von Goldenstedt in Südoldenburg. Auf einem Bauernhof, als eine von vier Schwestern. Und mit Eltern, die ihre Kinder über alles liebten, aber auch immer wussten, wie viel Arbeit so ein Hof machte. »Bei uns zu Hause«, so erinnert sie sich an eine glückliche Kindheit, »war immer klar, der Hof steht an erster Stelle. Da war kein Raum für Schnickschnack. Da haben wir Kinder geholfen, und ich muss sagen, wir waren patente Mädchen.«

Natürlich wurde mit Mama zu Weihnachten auch gebastelt; etwas, das Mechthild Wilke bis heute in guter Erinnerung hat. Und diese Gemütlichkeit, die Farben von Strohsternen und grüner Tanne, roten Kerzen und Nüssen vom eigenen Baum, liebt sie noch heute. In ihren Weihnachtsdekorationen ist vieles aus der Kindheit zu erkennen. Aus einer ausgesprochen glücklichen Kindheit, die es so vielleicht nur auf dem Land geben kann. Mit langen, heißen Sommertagen, versteckten Badeseen und Knubberkirschen satt.

Das kann man heute noch sehen, denn Mechthild Wilke ist trotz vieler internationaler Reisen immer noch das Landkind: So gut gelaunt, kraftvoll und lebensbejahend, dass der Gedanke nahe liegt, gesunde Landluft bringe glückliche Menschen hervor. Menschen, die in ihrem Beruf, mit ihrer Berufung andere mitreißen und überzeugen können. »Das wird hier sensationell«, ist immer wieder zu hören, wenn Mechthild Wilke einen Kunden berät. Ihre Zuversicht muss man schon teilen, denn die Einrichtungsexpertin hat den Mut zu ungewöhnlichen Kombinationen, Stilbrüchen, Kitsch und Krempel, aber auch zu ed-

Ein Paradies für Deko-Begeisterte: das Designers House.

len Stücken aus den Kollektionen großer Designer, die einen Raum erst wirklich außergewöhnlich und wohnlich wirken lassen.

Viel hat sich getan, seit sie vor 20 Jahren ihren ersten Laden eröffnet hat. Damals wurden die Entwürfe für Dekorationen noch selbst genäht und manche Nachtschicht eingelegt. Wenn Mechthild Wilke darüber spricht, ist ihr anzusehen, dass sie diese Zeit mit wenig Schlaf und aufregenden Stunden geliebt hat.

Dass sie das, was sie seit Jahren mit Leidenschaft tut, sehr gut kann, hat sich schnell herumgesprochen in Oldenburg. Heute ist Energiebündel Mechthild gemeinsam mit ihrem Mann Arno stolze Besitzerin eines alten Patrizierhauses an einem der schönen Oldenburger Kanäle in der Innenstadt. Vom Keller bis zur Decke ist es ein Paradies für Deko-Begeisterte und all diejenigen, die schöne Einrichtung lieben: Kitsch und Krempel, stilsicheres edles Design und rustikale Bauerntische finden sich hier ebenso wie üppige Kronleuchter und das passende fürstliche Porzellan. Ein Stilmix, der aus einem gemütlichen Heim ein ganz privates Wohnerlebnis machen kann. Beratung steht im Vordergrund. Und eine große Portion Empathie. »Wir wollen erspüren«, sagt Ehemann Arno, »was unsere Kunden möchten.«

Und es hat den Anschein, als wenn Arno das auch sehr gut kann. Manche Kundin kommt nur zu ihm, denn Arno redet gern mal Klartext, empfiehlt etwa: »Das lassen Sie mal sein, das passt nicht zu Ihnen.« Der Mann ist der Herr der klaren Worte, kein Wunder, er ist von Haus aus Tierarzt. Diesen Beruf übt er auch heute noch tageweise aus und schätzt es manchmal sehr, die Gardinenabteilung des Designers House zu verlassen und in den Stall zu wechseln.

Beide verbindet eine besondere Liebesgeschichte. Auf den ersten Blick nicht romantisch sondern, wie es ihre Art ist, eher pragmatisch. Begonnen hat alles in Paris. Mit einem Kühlschrank! Mechthild Wilke lebte in einer kleinen Wohnung in Paris, um Sprachen, Land und Leute und die französische Lebensart kennen zu lernen. Alles war perfekt. Aber der Kühlschrank war kaputt. Das, erzählt sie schmunzelnd, habe sie dem Jugendfreund Arno bei einem Telefonat erzählt. Am nächsten Tag, spät nachts, stand Arno Wilke vor der Tür, mit einem gebrauchten Kühlschrank, total übermüdet von der stundenlangen Fahrt und der langen Schicht im Oldenburger Schlachthof, die er bereits hinter sich hatte. Der Kühlschrank war in einem Oldenburger Elektroladen günstig zu bekommen, und Arno fand, es gäbe keine bessere Gelegenheit als diese, die interessante Mechthild näher kennen zu lernen. Es hat funktioniert. Und es funktioniert noch heute.

Beide sind ein sogenanntes Power-Paar, funktionieren aber auch einzeln. Er widmet sich gerade dem neuesten Projekt, einer alten, verfallenen Gärtnerei. Sie den nächsten Landpartien, vorzugsweise auf Schloss Bückeburg. Das wunderschöne, historische, barocke Anwesen bietet den richtigen Rahmen für all ihre Ideen. Zunächst zaghaft, dann immer muti-

Mechthild Wilke mit Ehemeann Arno auf einem ihrer Lieblingsstücke.

Luxus beginnt im Bad.

Beeindruckend in Szene gesetzt: der Platz am Kamin.

Landpartie auf Schloss Bückeburg: immer einen Besuch wert.

ger und opulenter – zweimal im Jahr gestaltet Mechthild Wilke hier ihre Festivals. Immer mit einem ungewöhnlichen Motto und einer berauschenden Dekoration. Mehr als 25 000 Besucher ziehen die Landpartien an, Tendenz immer noch steigend.

Wer so erfolgreich ist, braucht Bodenhaftung, um sich nicht zu verlieren. Auch Mechthild Wilke hat gelernt, nicht über ihre Kräfte hinaus zu gehen. Nach 20 Jahren zwischen Stoffen, Sesseln, Kundinnen und Landhäusern weiß sie, wann es Zeit ist, die Bremse zu ziehen. Dann muss sie raus aus der Stadt, ins Grüne, und da passt es gut, dass sich Ehemann Arno vor den Toren Oldenburgs in die besagte alte Gärtnerei verliebt hat. Dort will er Gemüse anbauen. Und die Ruhe genießen. Alles soll möglichst so erhalten bleiben, wie es in der »guten alten Zeit« gewesen ist. Ein bisschen altmodisch, ein bisschen romantisch und sehr, sehr abgeschieden.

Der grüne Daumen ist da. Denn der Umgang mit Blumen gehört mittlerweile zum Alltag. Mechthild Wilke ist die »Hochzeitsmacherin« geworden. Das hat sich irgendwann so ergeben, und es passt zu ihr. Hochzeiten verlangen nach viel Dekoration, das kann sie, und nach einer perfekten Organisation, das geht ihr leicht von der Hand. Und so hört man Sätze wie: »Wenn Sie heiraten, achten Sie bei der Wahl der Blumen auf das Wetter, Hortensien in der Blumendekoration machen ganz schnell schlapp, wenn es heiß ist!« Ihre ganze Erfahrung kann sie heute in die Vorbereitung stecken – keine schlechten Vorraussetzungen für eine Hochzeitsplanung und für das Leben keine schlechte Ausstattung. ◠

MECHTHILD WILKES INSPIRATIONSORTE

Gärten, Gartenausstellungen und Einrichtungsmessen

Inspiration holt sich Mechthild Wilke entweder an sehr stillen oder ganz bunten Orten, so bei Gartenausstellungen in Holland. »Dort ist alles noch ein bisschen üppiger, ausgefallener. Die Menschen sind nett und die Hotels wundervoll eingerichtet und sehr gemütlich.« Zu empfehlen sind die Groninger Gartentage.

Große Reisen führen sie zu den Einrichtungsmessen nach Paris. Gern erinnert sich ihr Mann an eine prominente Begegnung im Hotel: Mit der Katze von Karl Lagerfeld. Die saß vor ihm auf dem Tisch und ließ sich streicheln.

Ruhe und Entspannung findet Mechthild Wilke im Schlossgarten Oldenburg, in dem es sich wunderbar spazieren gehen lässt, und im Maxwaldpark im naheliegenden Westerstede, wo ihr besonders der Kräuter- und Rosengarten gefallen.

Schlossgarten Oldenburg
Gartenstraße 37
26122 Oldenburg
Telefon 0441/9558957
www.schlossgarten-oldenburg.de

Maxwald Park
26655 Westerstede
Oldenburger Straße
Telefon 04488/71971
www.maxwaldpark.de

Besondere Momente der Ruhe im Alltag erlebt sie auf dem Alten Jüdischen Friedhof an der Dedestrasse in Oldenburg. Über 300 Grabstätten aus den Jahren 1814 bis 2010 erzählen hier von den Menschen jüdischen Glaubens, die einst in Oldenburg und dem Umland gelebt haben. Das Friedhofstor ist verschlossen, aber der Schlüssel ist bei der Feuerwache 2 in der Schützenhofstr. 14 abzuholen.

Alter Jüdischer Friedhof
Dragonerstraße 39
26135 Oldenburg
www.oldenburg-tourist.de

Schloss Bückeburg
Weihnachten gibt es für sie keinen schöneren Platz als Schloss Bückeburg. Der »Weihnachtszauber« ist ihre Erfindung. Und den Hausherrn, Alexander Fürst zu Schaumburg-Lippe, kann sie jedes Jahr ein Stückchen mehr begeistern, das Schloss für Besucher zu öffnen und noch üppigere Dekorationen in den wunderschönen alten Räumen zu verteilen. Manches wirkt, als wenn das Christkind selbst zum Feiern einlädt.

Schloss Bückeburg
Schlossplatz 1
31675 Bückeburg
Telefon 05722/5039 o. 955830
www.schloss-bueckeburg.de

Besondere Tipps für Oldenburg
Ein wenig außerhalb von Oldenburg in Huntlosen besuchen die Wilkes gerne das Restaurant Schalotte. Hier kocht der ehemalige
Betriebsleiter der Bäckerei Janssen außergewöhnlich kreativ mit guten Produkten aus
der Region. Ob »Rehrollbraten mit Thymian«,
oder »Gebratener Matjes im Polentamantel«,
die Gerichte sind phantasievoll und überraschend zusammengestellt. »Und man darf
das Brot in die Soße tunken«, so Mechthild
Wilke mit Begeisterung in der Stimme. Das
Lokal ist so ganz nach ihrem Geschmack,
denn »Jörg Stein kocht, wie wir einrichten.«
Und für kleine und größere Süßschnäbel gibt
es natürlich köstliche Desserts und selbstgebackenen Kuchen.

Restaurant Café Schalotte
Bahnhofstraße 9
26197 Huntlosen
Telefon 04487/1579
www.schalotte-restaurant.de

Weitere Empfehlungen:
Restaurant Kleine Burg
Burgstraße 2
26122 Oldenburg
Telefon 0441/15855
www.kleineburg-ol.de

Sierra Bar
Abraham 9
26122 Oldenburg
Telefon 0441/26660
www.sierra-bar.de

Käse jeder Provenienz gibt es bei
Käse Friese Feinkost
Gaststraße 23
26122 Oldenburg
Telefon 0441/25997
www.kaese-friese.de

Blumen kauft Mechthild Wilke meist in gro-
ßen Gebinden (für ihr großes Haus und die
Ausrichtung verschiedener Events) bei der
Holländerin Dorien Goemann:
Planten und Blomen
Posthalterweg 10
26129 Oldenburg
Telefon 0441/4085940

Pferdemarkt
Am Sonnabendmorgen geht sie, am Arm einen großen Einkaufskorb, auf den Wochenmarkt am Pferdemarkt. Dort verkaufen Bau-
ern aus der Gegend frische Lebensmittel
vom Land: jeden Samstag von 7.00 Uhr
bis 14.00 Uhr.

Röstis, die Spezialität des Restaurants Schalotte

Zutaten (Angaben für eine Person)
1 große Kartoffel (380 g)
30 g Mohrrübe
Petersilie, Salz, Muskat
Olivenöl für die Pfanne

Zubereitung
Die Kartoffeln und die Mohrrüben waschen, schälen und grob reiben.

Gewürze dazugeben und alles gut vermengen.

Etwas Olivenöl in einer Pfanne erhitzen. Jeweils die Hälfte der Masse in die Pfanne geben, mit Zutaten füllen (z.B. mit Gouda, mit Fischfilet, etwa St. Peterfisch – dann anstelle von Petersilie Muskat, Koriander und Dill nehmen – oder mit Miesmuscheln, Banane und Gouda) und dann den Rest der Röstimasse darauf verteilen.

Die Ränder des Röstis leicht zusammenschieben und wenn sie leicht braun sind, das Rösti vorsichtig drehen.

Wenn beide Seiten die gewünschte Bräune haben und die Kartoffeln nicht mehr glasig aussehen, ist das Rösti fertig.

Kreative Farbspektakel in Bad Zwischenahn

Ulrike Kafkas ungewöhnliche Tischdekorationen

Zwei fröhliche Schweine bewachen den Eingang zur Wohnung von Ulrike Kafka in Bad Zwischenahn. Nach dem Klingeln öffnet eine sympathische, sehr attraktive Frau mit dunklem Wuschelkopf die Tür. Modische Brille, leuchtender Lippenstift, bunte Sneakers – Ulrike Kafka.

Ihre privaten Wohnräume sind ihre beste Werbung: Wer ausgefallene Dekoration sucht, ist bei dieser Frau und ihren kreativen Talenten genau richtig. Die Wohnung ist für die umtriebige Geschäftsfrau Rückzugsort und Showroom in einem. Hier zeigt Ulrike Kafka, was sie kann: Aus Räumen etwas Einmaliges machen, mit Farben den Alltag bunt malen und die Seele streicheln. Eine Begabung, die sie entdeckte, als die Welt um sie herum das Fröhliche zu verlieren drohte.

»Kafkas ungewöhnlich« heißt ihr Angebot in Bad Zwischenahn. Ein ungewöhnlicher Name für die außergewöhnliche Art von Ulrike Kafka, Dinge zu ordnen, zu verändern, Ungewöhnliches miteinander zu mischen und das zu tun, was sich nur wenige von uns trauen. Einfach den wilden Ritt durch einen bunten Stilmix wagen und hinterher erstaunt feststellen: Das kann man ja mal machen!

Wer sich auf die besondere Art der Dekoration von Ulrike Kafka einlässt, erlebt ein Farbspektakel der besonderen Art. Fast schon, als wenn ein alter holländischer Meister ein Stillleben komponiert: Humorvoll, spaßig und einfach schön. Beinahe kann man vermuten, dass Ulrike Kafka auch zu Zeiten der großen holländischen Maler ihren Platz gefunden

Ihr Heim hat Ulrike Kafka mit kräftigen Farben gestaltet.

hätte, so künstlerisch begabt wirkt die lebenskluge Frau, so groß ist ihr Wunsch, Dinge zu gestalten, zu verändern und Menschen zu erfreuen und gut zu unterhalten.

Ihre Kunden geben sich diesem »Kafka-Gefühl« gerne hin. Sie bestellen Dekorationen für Hochzeiten, Geburtstagsfeiern oder besondere Firmenveranstaltungen.

Dabei hat alles mit nüchternen Zahlen angefangen. Die junge Ulrike Kafka spürte zwar früh ihre Begabung und Freude an Farben, an Gestaltung und fröhlicher Kreativität. Aber die Eltern bestehen zunächst auf einer kaufmännischen Ausbildung. Die Familie wohnt in Bassum bei Bremen; die Tochter beginnt eine Lehre in Bremen, absolviert eine kaufmännische Ausbildung bei einem Dienstleister in der Speditionsabteilung. Sie macht das gut und erfolgreich und sucht sich bald eine neue Aufgabe in der Glasindustrie. Auch hier verfolgt sie die berufliche Laufbahn zielstrebig, steigt in eine Führungsposition auf. Als junge Frau wird Ulrike Kafka ins Top-Management befördert, »als einzige Frau unter vielen Männern«, erzählt sie rückblickend.

»Doch dann«, so erzählt Ulrike Kafka, »veränderte die Liebe fast alles«. Sie lernte ihren Mann kennen, das Ehepaar begann, eine eigene Firma aufzubauen. Erfolgreich und mit viel Engagement. Und da es halbe Sachen nicht gibt bei ihr, engagierte sie sich auch hier mit hundert Prozent, lebte für die Familie, die Kinder ihres Mannes aus erster Ehe und den eigenen, erfolgreichen Betrieb. »Der Tag hatte mindestens 48 Stunden«, erzählt

Hier zeigen sich ihr Stil und ihre Handschrift rund um einen Sessel …

sie lachend, »das war damals eine schöne bewegte Zeit, und ich habe gern gegeben und war für alle der Anker im wilden Fahrwasser.«

„Die Trennung", sagt die sonst so starke und lebensfröhliche Frau mit einem langen Blick aus dem Fenster, »kam total überraschend und war sehr schmerzhaft.« Plötzlich war das große Haus im Ammerland leer, still und irgendwie verwaist. Hier, wo so oft Gäste bewirtet wurden, wo die Hausherrin mit leichter Hand und gutem Konzept rauschende, bunte und beeindruckende Abende für die Familie, Freunde und Geschäftsfreunde gestaltete, war es ruhig geworden. Zu still, wie sie fand.

Und so begann sie, das Haus wieder für Gäste zu öffnen. »Ich wollte arbeiten«, erzählt Ulrike Kafka, »das waren arbeitsintensive Jahre, aber ich wollte nicht still stehen, wollte etwas Neues schaffen und die Lücke füllen, die entstanden war.«

Organisieren und Planen war die Geschäftsfrau gewohnt. Große Aufgaben spornen sie eher an. »Ich wusste doch«, sagt sie, »was ich schaffen kann.« Und so begann der Aufstieg von »kafkas ungewöhnlich« …

Eine Familienfeier, der große runde Geburtstag einer älteren Dame, war das erste Event, das sie ausrichtete. Und noch heute, so berichtet sie stolz und mit einem Blitzen in den dunklen Augen, sprechen sie in Bad Zwischenahn Gäste an, die damals dabei waren. Die Feier im reetgedeckten Fachwerkhaus mit großen Fenstern zum Garten hatte Ein-

Die Tischdekoration muss zum Ereignis passen, z. B. beim Fischessen.

druck hinterlassen. Ihr Konzept ging auf: professionell Feiern in ganz privater Atmosphäre. »Denn das war ja damals meine private Einrichtung. Ich habe nicht ein Stück zur Seite geräumt, keinen Teller ausgetauscht, kein Familienfoto entfernt. Wer bei mir feierte, war mittendrin in meinem Haushalt. Das hat die Gäste begeistert. Und meine Freunde hielten mich für verrückt«, erzählt sie laut lachend.

Für die größte Aufmerksamkeit sorgte aber damals, genau wie heute, die Tischdekoration. Die hatte alle fasziniert. Und damit begann, was für jede Geschäftsfrau nur gut ist: Mund-zu-Mund-Propaganda. Seitdem gaben sich die Gäste die Klinke in die Hand, es folgte Feier auf Fest und Hochzeit auf Geburtstagsempfang. Aber ob Geburtstag, Taufe oder Firmen-Event, »kafkas ungewöhnlich« gab jedem das Gefühl, einmalig und etwas ganz Besonderes zu sein. Das funktionierte viele Jahre so gut, dass das alte Haus an keinem Wochenende mehr sich selbst überlassen war. Immer war etwas los, immer war Trubel.

Fragt man Ulrike Kafka, was besonders schön war, kommt spontan der Ausruf: »Alles! Denn ich war bei so vielen tollen Festen dabei, blieb immer bis morgens wach, wenn lange gefeiert wurde. Ich konnte ja meine Gäste im Haus nicht allein lassen.« Und die Kondition muss man erst mal mitbringen … Nur eine finnische Hochzeit zwang selbst Ulrike Kafka in die Knie. »Die Finnen«, erzählt sie fröhlich, »waren bis morgens um neun Uhr in Feierlaune. Da war ich stehend k. o.«

Wer das Besondere sucht, ist bei Ulrike Kafka richtig.

Von den Hochzeiten und Familienfeiern hat sie sich inzwischen verabschiedet. Das große Haus ist verkauft. Mehr als fünf Jahre waren ihr genug, es sollte etwas Neues kommen. Ulrike Kafka ist Bad Zwischenahn treu geblieben, sie genießt die Stimmung des Kurortes und die vielen Angebote. Wenn sie Zeit hat. Denn »Kafkas ungewöhnlich« ist natürlich weiter aktiv. Heute arbeitet Ulrike Kafka in den Häusern ihrer Auftraggeber oder gestaltet außergewöhnliche Orte für einen Geburtstag oder eine Hochzeit. Ihre Künste nutzen Hotels in der Umgebung ebenso wie Privatleute, die einfach etwas Besonderes in ihrem Alltag wagen wollen.

Immer noch wirkt Ulrike Kafka inspiriert von dem, was sie tut, ist nach wie vor angekommen in ihrem neuen Leben, das zunächst wie ein schwerer Stein auf ihrer Seele lag. Farbe und Fröhlichkeit geben ihrem Leben Kraft und Energie, die auch auf andere abstrahlen. Wer das Leben anderer etwas bunter macht, bekommt auch selbst die leuchtenden Farben des Regenbogens in die Seele gemalt. Ulrike Kafka kann man das ansehen. ☙

ULRIKE KAFKAS ENTSPANNUNGSORTE RUND UM DAS ZWISCHENAHNER MEER

Gärten und Parks im Ammerland

»Wenn ich mal die Seele baumeln lassen will, gehe ich ins Grüne.« Das Ammerland ist das Land der Parks und Gärten. Nicht nur Bad Zwischenahn als ehemaliger Standort einer Landesgartenschau beeindruckt durch einen wunderschönen Park.

Eine Radtour durch das Ammerland führt zu schönen Gärten und entlang beeindruckender Baumschulen mit einem ausgefallenen Angebot. Besonders Rhododendren fühlen sich im schweren Ammerländer Boden gut aufgehoben und erfreuen Besucher im Frühjahr mit einer prachtvollen Blüte.

Im Gartenkulturzentrum »Park der Gärten« der ehemaligen Landesgartenschau in Bad Zwischenahn gibt es viel zu sehen und zu bestaunen. Und das fast das ganze Jahr über, am schönsten allerdings im Frühjahr und Sommer, wenn sich die grüne Pracht richtig entfalten kann.

Mehr als 40 so genannte »Themengärten« zeigen das ganze Spektrum der Gartenkunst.

Und lesen lässt sich über diese Region auch sehr unterhaltsam!

»Die Rose von Darjeeling« spielt unter anderem in Darjeeling, auf der Kanalinsel Jersey und im Ammerland. Der Rhododendronpark Hobbie, der Park der Baumschule Bruns und der Park der Gärten sind Stationen in Bad Zwischenahn, die sich auch im Buch wiederfinden.

Informationen unter www.die-rose-von-darjeeling.de

Genuss und Kunst in Bad Zwischenahn

Ulrike Kafka empfiehlt den Yachthafen in Bad Zwischenahn. »An einem freien Tag auf einer Bank sitzen und auf die Boote und das Wasser zu schauen – das ist für mich Erholung pur.«

Ein weiterer Lieblingsort am Zwischenahner Meer ist das Romantikhotel Jagdhaus Eiden. Vom Anleger des Hotels mit seinem großen, alten Poller öffnet sich der Blick auf das Zwischenahner Meer. Vom Kaffeegarten aus blickt man auf das gegenüberliegende Ufer und die beiden kleinen weißen Villen, feinste Bäderarchitektur aus einer vergangenen Zeit. Romantisch und zum Verlieben schön!

Romantik Hotel Jagdhaus Eiden
Eiden 9
26160 Bad Zwischenahn
Telefon 04403 / 698000
www.jagdhaus-eiden.de

Wer, zum Beispiel nach einer Radtour, eine kleine Pause machen möchte, kann »Hansens Altes Kurhaus-Café & Restaurant am Meer« (siehe Foto oben) besuchen.

Im alten Kurhaus mitten im wunderschönen Park am Zwischenahner Meer liegt das Café mit großer Terrasse. Bei gutem Wetter sitzt der Besucher zwischen duftenden Rosenbüschen.

Ist das Wetter nicht ganz so gut, dann sollte man den alten Kursaal besichtigen. Stuckdecken und Spiegelwände verbreiten einen nostalgischen Charme.

Hotel Haus am Meer
Auf dem Hohen Ufer 25
26160 Bad Zwischenahn
Telefon 04403 / 9400
www.hausammeer.de

Ulrike Kafka bummelt gern über die Geschäftsstrassen von Bad Zwischenahn. An schönen Tagen genießt man hier Urlaubsatmosphäre wie auf einer Nordseeinsel. Und die sehenswerte evangelische St. Johannes-Kirche, die älteste Kirche des Ammerlandes, erinnert in ihrem Inneren an kleine Insel-Dorfkirchen: Alles ist blauweiß und friesisch-dänisch. Wunderschön!

St. Johannes-Kirche
Am Brink 8
26160 Bad Zwischenahn
Telefon 04403 / 93760
www.zwischenahn.kirche-oldenburg.de

Lust auf Kunst? – Dann auf zur »Zwischen-ART«!
Der Verein der Kunstfreunde veranstaltet einmal jährlich diese Kunstmeile am Meer.
www.kunstfreunde-bad-zwischenahn.de

Radtour zum Segelflughafen
Eine schöne Radtour kennt Ulrike Kafka natürlich auch. Die Strecke zum Segelflughafen Westerstede ist gut zu schaffen. Der wirklich sehr kleine Flughafen ist ein richtiger Geheimtipp. Vom kleinen Café aus kann man den Flugzeugen hinterher schauen und sich in die Ferne träumen.

Blumen vom Eytjehof
Bei Ulrike Kafkas Dekorationen geht nichts ohne frische Blumen. Die wöchentliche, nicht gerade kleine Blumenration pflückt sie auf dem Eytjehof. Es gibt einen kleinen Hofladen, in dem frische Eier und Geflügel verkauft werden. Übrigens, auf der Website finden sich tolle Rezepte!

Eytjehof
Familie Eyting
Zwischenahner Straße 2
26215 Wiefelstede
Telefon 04403 / 8517
www.eytjehof.de

Gewürzte Moorsieglinde mit Sauerrahm-Dip

Und natürlich hat Ulrike Kafka auch ein Rezept, mit dem sie als Gastgeberin immer punkten kann:

Versuchen Sie mal die Kartoffel »Moorsieglinde«. Vielleicht bei einem Ausflug nach Bad Zwischenahn einkaufen. Fünf bis sechs Kartoffeln pro Gast mit der Schale in reichlich Kümmel, Liebstöckel und Rosmarin kochen. Dazu Sauerrahm mit vielen frischen Kräutern aus dem Garten oder vom Markt, ein wenig Knoblauch und viel frischem Koriander verrühren.

Zum Dessert Erdbeeren mit etwas Zucker und frischem groben Pfeffer servieren.

Ein schnelles, aber doch außergewöhnliches Sommeressen.

Dekorationstipps von Ulrike Kafka

Wer so häufig Events aus- und viele Wohnungen und Häuser einrichtet wie Ulrike Kafka, hat auch ein paar »Faustregeln« parat.

Für die Tischdekoration sollte man zum jeweiligen Thema (Geburtstag, Weihnachten, Hochzeit usw.) ein (!) Hauptelement bestimmen (beispielsweise zu Weihnachten: Kugeln, Hirsche, Engel) und alles Passende darum herum inszenieren wie bei einem Bühnenbild. Wenn es zum Anlass passt, als Aufhänger immer einen Gag mit einbauen!

Für die Raumdekoration kommt die Wirkung zuvorderst aus den Farben der Möbel, Wände und Dekorationsteile.

Alles miteinander kombinieren in harmonischer Abstimmung plus einer Reizfarbe; das sorgt für Spannung!

Zusammengehörige Themen bündeln und als Szene umsetzen!

Ebenfalls mit einem kleinen Augenzwinkern: ein gewisses Maß an Selbstironie bringt Lockerheit!

Sowohl bei der Tisch- als auch bei der Raumdekoration ist eine gewisse Üppigkeit nicht von Übel!

Idyll im Grünen

Britta Plagmann-Dirks Hofpension in Wiefelstede

Abseits der Hauptstraße liegen die gepflegten, kleinen Häuser, aufgereiht wie auf einer Perlenschnur. Hohe Bäume säumen die Straße. Die Vorgärten sind groß und grün und bunt. Es ist Sommer, dann blühen im Ammerland unzählige Blumen. Die Region ist bekannt für ihre Rhododendren, großartige Gärten und üppige Landschaftsparks.

Immer weiter schlängelt sich die Straße in die Natur, jetzt noch rechts abbiegen und dann bitte etwas langsamer. Wer den Hof und die Pension von Britta Plagmann-Dirks in Wiefelstede finden will, muss nach hohen Bäumen Ausschau halten, nach viel Grün, einem gemütlichen Bauernhaus und der Bernhardinerhündin Lea. Diesen Traum vom Haus hat sich die OP-Krankenschwester und Pensionswirtin nach ein paar Umwegen erfüllt. Heute lebt Britta Plagmann-Dirks mit ihrer Familie, Ehemann Olaf und den beiden Kindern Kim und Gerrit, in der Ferienregion Wiefelstede im Ammerland.

Die gebürtige »Kieler Sprotte« ist jeden Tag dankbar für das Glück und die Zufriedenheit, die sie mit der Familie genießen kann. Denn, wie so oft im Leben: Wer auch die Schattenseiten kennt, weiß das Gute besonders zu schätzen.

»Meinen ersten Mann«, erzählt die temperamentvolle blonde Frau mit dem üppigen Haarschopf, die mit ihren 50 Jahren jugendlich und mädchenhaft wirkt, »habe ich im Operationssaal kennen gelernt, wie im Arztroman.« Sie lacht dabei und kann sich ohne Gram an vergangene Zeiten erinnern, denn mit der Vergangenheit hat sie ihren Frieden gemacht. Das Miteinander der Familien, der alten und der neuen, ist freundlich und außergewöhnlich harmonisch. »Gut so«, sagt Britta Plagmann-Dirks, »denn meine ganze Kraft und Energie brauche ich heute für meine Familie und für meine zwei Berufe.«

Ein gemütliches Bauernhaus, idyllische Entspannungsplätze, viel Grün und Bernhardinerhündin Lea erwarten die Pensionsgäste.

Richtig gehört, denn mit einer großen Aufgabe wie dem Führen des Hofes und der Pension für bis zu zehn Gäste ist sie nicht ausgelastet. Sie arbeitet noch zwei Tage in der Woche als OP-Schwester im Krankenhaus in Oldenburg. »Das ist für mich eine optimale Kombination«, hat sie festgestellt, »denn ich liebe meine Arbeit als Schwester und wollte den Beruf nicht aufgeben.« Die besondere Form der Konzentration, die Zusammenarbeit im Team, die Kollegen und die Nähe zum Patienten sind es, die sie an dieser Aufgabe so schätzt. »Wenn ich vom Hof ins Krankenhaus komme, muss ich in eine ganz andere Welt eintauchen, ich bin dann zwei Tage in Oldenburg, habe manchmal auch Nachtdienst und erlebe andere Anforderungen. Aber dann ist es auch gut«, stellt sie fest, schenkt sich eine Tasse Tee ein und blickt in den Garten.

Denn hier, zwischen den üppigen Pflanzen und den alten Steinen, lebt sie ein anderes Leben: Britta Plagmann-Dirks liebt es, Gäste zu bewirten. Schon als kleines Mädchen während der Kindheit in Kiel war ihre liebste Rolle beim Spielen die der Hotelchefin. Wobei »Chefin« irgendwie nicht stimmen kann, denn heute ist Britta Plagmann-Dirks im eigenen Haus mehr die gute Seele, umsichtige Hausfrau, herzliche Gastgeberin. Das hat sich herumgesprochen, Zimmer sind nur auf Voranmeldung zu bekommen, und das ausliegende Gästebuch ist voll mit Lobeshymnen auf Britta, wie die Gäste sie nennen dürfen. »Aber sie bleiben trotzdem beim ›Sie‹, das ist dann vertraut, jedoch respektvoll«, findet Britta.

Ihre Freunde rufen sie übrigens »Brizzie«. Und das passt, denn »Brizzie« klingt nach »schnell mal hier und dort nach dem Rechten sehen, eine Schüssel Leckereien zubereiten, beim Frühstück alle Gäste umsorgen und zwischendurch den Hund in den Garten scheuchen.« Brrrrzzzzzz …

Das Frühstück ist für die Gäste des Hauses etwas Besonderes. Vieles ist selbst gemacht, alles ist frisch und aus der Region. Marmeladen und Brotaufstriche kommen aus der eigenen Küche. Britta Plagmann-Dirks achtet, da kommt sicher auch das medizinische Wissen zum Tragen, auf gesunde Produkte und freut sich, wenn der Obstsalat beim ersten Bissen einen verwunderten Gesichtsausdruck auf die Gesichter zaubert. »Ich liebe es, mit orientalischen Gewürzen zu experimentieren, auch da, wo man es vielleicht nicht gleich vermutet, bei der Marmelade zum Beispiel und eben auch beim Obstsalat.«

Wenn sich Gruppen anmelden, denn Radfahrer wählen den Hof Mollberg oft als Ausgangspunkt für ihre Touren durchs Ammerland, wird abends, wenn die Gruppe müde zurückkehrt, im Garten gegrillt. »Das ist«, so freut sich Brizzie, »eine tolle Stimmung zwischen den alten Bäumen. Dann spüre ich, wie gerne ich Menschen um mich habe und liebevoll umsorge.« Ihre Gäste danken es ihr, und da sie die Kochleidenschaft der Wirtin kennen und schätzen, gibt es das eine oder andere Gastgeschenk. »Einmal bekam ich einen Korb Thüringer Bratwürste, die haben wir dann gleich gemeinsam verputzt.«

Aber Zeit für eine längere Pause ist selten. Britta Plagmann Dirks macht sich viele Gedanken über die Zukunft ihres Hofes und will ihre Pension erweitern. Eine große und über-

Britta Plagmann-Dirks bewirtet ihre Gäste persönlich.

dachte Terrasse soll den Gästen auch bei Regen das Sitzen im Freien ermöglichen. Und eine Sauna wird nach einem Tag auf dem Fahrrad zum besonderen Erlebnis werden. Für all das macht sie Pläne und findet in ihrem Ehemann, einem Architekten, fachmännische und liebevolle Unterstützung.

Immer wieder findet man die Pensionswirtin in der Küche. Beim Ausprobieren neuer Gerichte, bei einem Glas Wein mit guten Freunden oder um schnell ein Essen für 20 Personen zu kochen, die nach einer Radtour hungrig im Garten sitzen. Ihr Verbündeter ist dabei ein moderner Kochautomat, den sie nach langer Erprobungsphase gleich doppelt angeschafft hat. Klein und unscheinbar stehen die Geräte auf der Arbeitsplatte. Von der leidenschaftlichen Köchin mit den richtigen Zutaten bestückt, verbreiten sie schnell ein besonderes Aroma und locken zum Abendessen.

Der Wunsch nach Veränderung und einer anderen Aufgabe entstand durch ihre Berufsjahre im Krankenhaus. Die qualifizierte OP-Schwester hatte irgendwann das Gefühl, dass es Zeit sei für etwas Neues. Mit dem Wunsch nach einem Leben auf dem Land suchte sie für sich und ihre Familie vor mehr als sieben Jahren ein Haus im Ammerland. Dass es ein Haus inmitten von Wiesen und Blumen sein sollte, lag auf der Hand. Auf ihrem Hof Mollberg in Wiefelstede ist sie angekommen.

Hof Mollberg
Mollberger Weg 125
26215 Wiefelstede
Telefon 04458 / 909470
www.hof-molberg.de
Bitte unbedingt vorher buchen!

WAS BRITTA PLAGMANN-DIRKS IHREN GÄSTEN EMPFIEHLT

Vom Rad auf die Draisine

Der Reiz der Landschaft rund um Wiefelstede liegt in der Weite, die Augen können den Horizont sehen, und die unterschiedlichen Strecken sind für jedes Alter gut mit dem Rad zu bewältigen. Ziele gibt es mehr als genug. So ist man von Wiefelstede aus bereits nach einer zwanzigminütigen Fahrt am Jadebusen! Wer einen Radurlaub rund um Westerstede verbringen will, kann die »Ammerland-Route« befahren.

Und auf der Strecke von Wiefelstede nach Westerstede gibt es ein ganz besonderes Vergnügen: Eine Fahrt mit der Draisine. Zwischen den Orten Westerstede und Westerstede-Ocholt lassen sich zwölf Fahrraddraisinen mit Muskelkraft bewegen und sorgen für ein ganz besonderes Ausflugserlebnis. Infos unter: www.westerstede.de

Das Dangaster Reethaus

Hier führt Sabine Herla in einem alten, reetgedeckten Bauernhaus eine »Café-Pension-Galerie«. Sie hat das Anwesen sehr individuell gestaltet, so dass sich hier jeder wohlfühlen kann. Wenn die Zeit es erlaubt,

radelt Britta Plagmann-Dirks hierher, um bei einem Klönschnack selbstgebackenen Kuchen und gut zubereiteten Tee zu genießen.

Dangast gilt auch heute noch als Ort der Künstler. Viele Maler stellen hier ihre Bilder aus. Wer Kunst und Nordsee mag, kann hier einen interessanten Sonntag verbringen.

Dangaster Reethaus
Edo-Wiemken-Straße 4
26316 Varel/Dangast
Telefon 04451 / 3082
www.dangaster-reethaus.de

Kögel-Willms-Heilpflanzengarten

Britta Plagmann-Dirks schätzt die Heilkraft der Kräuter. Ebenfalls von Wiefelstede mit dem Rad gut zu erreichen ist der Kögel-Willms-Heilpflanzengarten in Rastede. Bei besonderen Kräuterführungen werden die Heilpflanzen erklärt, und es gibt interessante Rezepte.

Kögel-Willms-Heilpflanzengarten e.V.
Kögel-Willms-Straße 2 | 26180 Rastede
Telefon 04402 / 3458
www.heilpflanzen-rastede.de

Durch die 70 Hektar große Park-
anlage des Rhododendronparkes
Hobbie führt ein 2,5 Kilometer
langer Rundweg mit vielen
Bänken zum Verweilen.

Rhododendronpark Hobbie

Der Rhododendronpark der Familie Hobbie bei Westerstede ist nicht nur Deutschlands größter Rhododendronpark. Auch Fachleute zählen ihn zu einem der schönsten Europas.

Rhododendronpark Hobbie
Alpenrosenstraße 7
26655 Westerstede Petersfeld
Telelfon 04488 / 2294
www.hobbie-rhodo.de

Kleine Diele Rastede

Auch eine begeisterte Landbewohnerin wie »Brizzie« will ab und an mal ein wenig bummeln. Das geht sehr gut in Rastede. Sie besucht gern die »Kleine Diele« von Tanja Mielert. Hier lässt es sich zwischen Wohnaccessoires, Möbeln im Landhausstil, Lampen, wunderbaren Seifen und romantischer Damenmode sehr gut stöbern. Ein schönes Mitbringsel sind auch die vielen Feinkostprodukte, die im Laden angeboten werden.

Kleine Diele GmbH & Co. KG
Oldenburger Straße 215 | 26180 Rastede
Telefon 04402 / 9194135
www.kleine-diele.de

Little Luckies

Wenn sie Appetit auf etwas Kleines, Schönes, Süßes hat, macht Britta Plagmann-Dirks einen, wie sie es nennt, »Einkehrschwung« bei Petra Weiss. Die hat in der Bahnhofstraße in Rastede einen Laden für »kleine Glücklichmacher«: Sie verkauft in ihrem Geschäft »Little Luckies«, wunderschöne kleine essbare Kunstwerke: Läkka-Schmäcka-Cupcakes.

Little Luckies
Bahnhofstraße 4 | 26180 Rastede
Telefon 04402 / 9395323
www.little-luckies.de

Gutes aus »Brizzies« Küche

»Selbst gemachtes Ingwer-Wasser und Frischkäse – das habe ich immer im Haus!«

Brizzies Frischkäse
Zutaten
1kg Quark
1 Becher Schmand
250 g Butter
1TL Meersalz

Zutaten auf ca. 70 Grad erwärmen, zum Ab-
kühlen in eine Schüssel füllen. Schmeckt »natur«, aber auch verfeinert mit Gartenkräutern,
Knoblauch, grobem Pfeffer. Je nach Jahreszeit
auch köstlich mit frischem Fruchtpüree, z.B.
Erdbeeren oder Heidelbeeren!

Brizzies Ingwer-Wasser
Frisches Wasser (stilles Mineralwasser oder
gutes Leitungswasser), Ingwerstücke nach
Geschmack, da muss man ein bisschen experimentieren.

Ingwer säubern, mit Schale in Stücke schneiden und ins Wasser geben. Kräftig durchschüt-
teln und in eine Karaffe abfüllen. Tagsüber immer wieder mit frischem Wasser auffüllen.

Brizzies orientalischer Obstsalat
Einfach und sehr überraschend: Die Früchte der Saison werden gesäubert und klein geschnitten und dann vorsichtig mit Zimt und Kardamom gewürzt.

Sehr erfrischend ist auch, den Obstsalat mit ein paar kleingeschnittenen Minzeblättern zu
würzen. Frische Minze lässt sich gut im Topf ziehen, beim Türken gibt es Nane, getrocknete Minzeblätter, zum Würzen.

Kleingeschnittene Rosenblätter schmecken nach Sommer.

Dolce Vita in Cuxhaven

Halina Bonellis »altes Haus mit neuen Gesichtern«

Diese knappe halbe Stunde ganz früh morgens am Strand, die nimmt sich Halina Bonelli, wann immer es geht. Dann eben noch ein bisschen früher aufstehen, lange bevor das Hotel und nicht zuletzt ihre kleine Tochter Ada erwachen. »Einmal«, so lacht sie mit blitzenden dunklen Augen, »muss ich mich doch auch wie eine Urlauberin fühlen. Wir sind doch schließlich in Cuxhaven und das ist ein wundervoller Urlaubsort.«

Halina Bonelli weiß, wovon sie spricht. Gemeinsam mit ihrem Mann Enrico, Italiener mit klangvollem Namen und südländischer Lebensfreude, hat sich die Hotelfachfrau Cuxhaven als Familienheimat ausgesucht. Hier lebt und arbeitet sie, hier hat sie eine Familie gegründet und hier ist Tochter Ada geboren. Die gebürtige Cuxhavenerin konnte ihren Mann schnell für den Küstenort begeistern. Im Sommer herrscht hier genauso lebhaftes Treiben wie in einem italienischen Badeort. Und im Winter genießen beide mittlerweile die Ruhe, die rauhe, gesunde Luft und den gemütlichen Charme von Elbe und Nordsee bei »richtig schön schlechtem Wetter«, wie Halina Bonelli betont.

Als Fachfrau weiß sie, wie wichtig für die Gäste das Wetter am Urlaubsort ist und welche Rolle dann ein gemütliches Hotel spielt. Denn das ist schließlich »ein Zuhause auf Zeit.« Was da alles wichtig ist, damit sich der Gast familiär umsorgt, aber auch mit allen Freiheiten und Annehmlichkeiten rundum versorgt fühlt, hat sie in einem renommierten Hamburger Hotel an der Elbchaussee gelernt. Besser gesagt: Ihre bereits vorhandenen Talente mit Fachwissen und Kompetenz angereichert.

Denn das Hotelgewerbe hat schon die kleine Halina in Cuxhaven hautnah erlebt: Ihre Mutter führte eine Pension im Cuxhavener Stadtteil Duhnen. »Da gehörten Gäste mit all

Modernes, klares Design – so haben Halina und Enrico Bonelli ihr Hotel eingerichtet, von der Terrassse über die Gasträume bis zum Detail in Rezeption und Küche.

ihren Wünschen immer dazu. Das habe ich schon als kleines Kind erlebt und mich immer gefreut, wenn ich im Frühstücksraum oder an der Rezeption dabei sein durfte.« So manchen Schlüssel hat die »Junior-Chefin« dann mit großem Ernst dem Gast überreicht und sich über jedes Lob gefreut.

Zum eigenen Hotel sind Halina Bonelli und ihr Mann Enrico durch »gut überlegten Zufall« gekommen: »Wir haben 2007 in Hamburg im gleichen Haus unsere Ausbildung gemacht und uns dort kennen gelernt.« Geplant hatten beide eigentlich eine Zukunft in den großen Hotels dieser Welt, international zu arbeiten war zunächst beider Ziel. Dann kamen sie sich näher, verliebten sich – und ziemlich rasch wurde ihnen klar, dass sie die gleichen Wünsche für die Zukunft haben: nicht international, sondern regional wollten sie arbeiten und leben.

»Aber«, so die junge Hotelchefin, »natürlich hatte ich auch Sorge, ob ich das alles stemmen kann. Gäste betreut man rund um die Uhr. Was wird dann aus der Familie, dem Mann, dem Kind, was kann ich selbst schaffen?«

Der Wunsch nach etwas Eigenem besiegte jedoch alle Zweifel. Und die Leidenschaft für ein altes Haus mobilisierte viele Kräfte. Heute kann sie auf die Unterstützung ihrer deutsch-italienischen Familie bauen. Der Schwiegervater ist ein großartiger Handwerker, und ihre Mutter steht mit gutem Rat und viel Erfahrung hinter ihr.

Halina und Enrico Bonelli mit Halinas Schwester Henni Hark (Mitte).

Halina Bonelli hat sich in ein altes Haus verliebt, das seit über 100 Jahren in Cuxhaven-Steinmarne steht, nur 300 Meter vom Strand entfernt, mit direktem Blick aufs Wasser. Erlebt hat es in vielen Sommern eine ganze Menge, aber diese deutsch-italienische Lebensfreude, die jetzt durchs Haus weht, bereitet ihm sichtlich Spaß und tut ihm gut. Sie passen zusammen: alte Cuxhavener Bäderarchitektur und das klare Design einer modernen Hotelbesitzerin. »Altes Haus mit neuen Gesichtern« hat Halina Bonelli es genannt. »Das Gebäude kenne ich schon lange, es ist Teil meiner Kindheit, hier bin ich oft mit dem Rad vorbeigefahren. Dass es einmal mir gehören würde, ist eine verrückte Geschichte ...«

Das Jahrhundert, das dieses schöne weiße Haus in Steinmarne schon auf dem Buckel hat, sieht man ihm auf den ersten Blick kaum an. Es sind die Details, die die Historie erkennen lassen. So kam bei der umfangreichen Renovierung mit viel Eigenarbeit der beiden jungen Hauseigentümer so manches Detail zum Vorschein: vom alten Pensions-Schriftzug aus den 1930er Jahren bis hin zur Tapete aus den 1950er Jahren.

> **meerzeit Hotel**
> **Steinmarner Trift 8**
> **27476 Cuxhaven**
> **Telefon 04721 / 42100**
> **www.meerzeit-hotel.de**

Es sind eben diese Besonderheiten, die dem Haus seinen ganz eigenen Charme verleihen. Behutsam wurde darauf geachtet, dass die Geschichte des Hauses jedem Zimmer weiterhin sein ganz eigenes Gesicht gibt. Das neue zeitlose Design-Konzept: »Kein Gramm zu viel!«, fügt sich wie selbstverständlich in die alten Räumlichkeiten ein.

Natürlich sind die Tage lang. In der Saison oftmals zwölf Stunden und mehr. Aber die kleine Tochter Ada findet, ein Hotel ist ein wunderschöner Spielplatz, und Halina Bonelli weiß, dass sie genau da ist, wo sie hinwollte. Im eigenen Hotel, mit der Familie, in Cuxhaven, mit Blick auf das Wasser. So kann es weitergehen, bis Ada mit einem guten Glas Rotwein mal erzählt, wie sie in das Hotel ihrer Eltern hineingewachsen ist.

Ausflugstipps von Halina Bonelli

Osteria la Fenice

Ein langer Tag am Strand, die Sonne brennt noch auf der Haut, langsam beginnt ein milder Sommerabend. Die richtige Stimmung für ein Häppchen bei Massimo. In der »Osteria la Fenice« zeigt sich Cuxhaven von seiner südländischen Seite. »Wir sind, was wir essen«, ist das Motto von Inhaber Massimo Milan. Täglich frische hausgemachte Nudeln, mehr als 90 italienische Weine und die landestypische Kü-

che Venetiens laden zu einer italienischen Genussreise hoch im Norden ein. Halina Bonelli empfiehlt die Osteria für einen kleinen leckeren Happen nach dem Stadtbummel oder als Auftakt für einen schönen Ferienabend.

Osteria la Fenice

Nordersteinstraße 6
27472 Cuxhaven
Telefon 04721 / 6984151
www.osterialafenice-cuxhaven.de

Joachim-Ringelnatz-Museum

Etwas ganz Besonderes ist das Joachim-Ringelnatz-Museum in Cuxhaven. Sehr liebevoll werden persönliche Gegenstände, Schriften und beeindruckende Bilder von Joachim Ringelnatz, der von 1883 bis 1934 lebte, präsentiert. Die Ausstellung zeigt einen Künstler, der mit feinem Humor und großer Melancholie auf das Deutschland seiner Lebenszeit blickte. Und: Joachim Ringelnatz hatte eine große Leidenschaft für das Meer, war bei der Marine und hat diese Phase in vielen Bildern und Texten dokumentiert.

Die Kugelbake (rechts) ist das Wahrzeichen von Cuxhaven.

Maritimes Flair an der Aussichtsplattform »Alte Liebe« im Hafen …

Wattwandern entspannt Körper und Geist.

Ein wunderbarer Urlaubsort: der Strand bei Cuxhaven …

bunt und kleine Geschenke, die ein Lächeln in den Tag zaubern – bestimmt, versuchen Sie es mal mit kleinen geflügelten Steingutschweinchen …

Galerieladen Schön und Gut
Schillerstraße 38
27472 Cuxhaven
Telefon 04721 / 5908532
www.schoen-und-gut-cuxhaven.de

Blumen Vogel
Blumen kauft Halina Bonelli gerne bei Blumen Vogel. Die Inhaberin Arnica Vogel bewirtschaftet die außergewöhnliche Gärtnerei gemeinsam mit ihrer Mutter. Durch die Gärten toben die Kinder und der Familienhund. Hier findet die junge Frau die richtige Inspiration für wundervolle Sträuße und besondere Pflanzenarrangements.

Blumen Vogel
Müggendorfer Straße 30
21762 Otterndorf-Müggendorf
Telefon 04751 / 2628

Joachim-Ringelnatz-Museum
Südersteinstraße 44
27472 Cuxhaven
Telefon 04721 / 394411
www.ringelnatzstiftung.de

Galerieladen Schön und Gut
Schöne Mitbringsel findet man im Laden von Karin Zimmermann und Klaus Behncke. Mode, nicht artig, sondern frech, Bilder, nicht einheitsgrau, sondern strahlend

Schirmbar Cuxhaven
Zum Entspannen geht Halina Bonelli gerne in die Schirmbar von Maik Arns am Duhner Strand. Hier trifft sie alte und neue Freunde und kann bei einem kleinen Drink den Sonnenuntergang genießen.

Strandbar Cuxhaven | Schirmbar Cuxhaven
Sahlweg 9 (Büroanschrift)
27476 Cuxhaven-Duhnen
Telefon 04721 / 666056 (Strandbar)
www.strandbar-cuxhaven.de

Caffè Shakerato

Wenn Halina einmal ganz abgespannt ist, bereitet ihr ihr Mann Enrico ganz rasch ihr Lieblingsgetränk zu: einen Caffè Shakerato!

Zutaten für 1 Portion
1 doppelter Espresso
1,5 Teelöffel Zucker
Eiswürfel
Kakaopulver

Zubereitung
Einen Cocktailshaker zu einem Viertel mit Eiswürfeln füllen.

Den frisch gebrühten, heißen Espresso sowie den Zucker (1 bis 2 Teelöffel) hinzufügen und einige Sekunden kräftig schütteln.

Durch ein Barsieb in ein vorher gut gekühltes Martiniglas geben (es sollte sich ein schönes Schaumkrönchen gebildet haben) mit etwas Kakaopulver bestäuben – und genießen!

Gestricktes mit Charme und Chic

Claudia Wersings Strickmanufaktur in Blender

Nach Blender, einen kleinen Ort in der Nähe von Verden, fahren wir an einem sonnigen Frühlingstag. In den Mittagsstunden steht die Sonne hoch am Himmel und bringt das frische Grün zum Leuchten. Hier ist es typisch niedersächsisch: Satte Wiesen, in der Ferne ein stolzer Kirchturm, die Bauernhäuser sind gut beschützt von mächtigen, teils mehr als hundert Jahre alten Eichen. Über die historische Weserbrücke geht es an Verden vorbei. Die Weser, einer der großen Flüsse Norddeutschlands, macht hier besonders anmutige Bögen. Kleine Inseln im Fluss trotzen der starken Strömung, sind Wohnstätte von hunderten von Wasservögeln und zum Teil noch nie von Menschen betreten worden. Eine Gegend, die ideal ist für ein Wochenende in der Natur, eine fröhliche Radtour ins Grüne! Die Textilingenieurin und gelernte Damenschneiderin Claudia Wersing fand hier den richtigen Ort für einen neuen Anfang. Nach einem anstrengenden Berufsleben in so aufregenden Ländern wie Marokko, Tunesien oder Bulgarien, wo sie zuvor gearbeitet hatte, sehnte sich die junge Frau nach Ruhe und inspirierender Einsamkeit, nach einem Zuhause für sich und ihre zwei Kinder. Sie fand den kleinen Ort Blender, bäuerlich geprägt und sehr gemütlich.

Eine neue Heimat, die sie auch zurück zu den Wurzeln führt, denn Claudia Wersings Mutter Ingrid arbeitete einst in Verden als Leiterin einer Kindertagesstätte. Zwölf Kilometer entfernt wohnt jetzt die Mama. Ihr Ruhestand wurde zum Unruhestand, als Tochter Claudia die Idee eines Hofladens entwickelte. Nun arbeiten die beiden Frauen Hand in Hand. Mutter Ingrid ist immer dann zur Stelle, wenn sich die Tochter zum Entwerfen zurückzieht.

Claudia Wersings Strickparadies bietet Wolle, soweit das Auge reicht. Daraus entstehen Jacken und Tücher.

Denn wenn diese ein Strickmuster »schreibt«, das viele Strickerinnen in Strickzeitschriften begutachten und nacharbeiten, muss es zu 100 Prozent richtig sein. »Das ist mein großer Vorteil und die Grundlage meines Erfolges«, erklärt Claudia Wersing, »meine Strickvorlagen stimmen einfach, sie sitzen perfekt und lassen sich mit etwas Übung leicht nacharbeiten.« Übung und Fingerfertigkeit werden sich beim Stricken schnell einstellen. Und wer einmal mit einem einfachen Jäckchen oder Kinderpulli begonnen hat, will meistens schnell mehr.

Die Entwürfe entstehen bei der Strickdesignerin entweder am großen Holztisch oder im heimischen Wohnzimmer. Claudia Wersings bevorzugter Arbeitsplatz ist ein Sessel mit Blick in den Garten und auf einen nahe liegenden See. So etwas haben nicht viele. Aber von der Idylle sollte sich der Betrachter nicht täuschen lassen, dahinter stecken viel Arbeit, fast schon Mathematik und der unbedingte Wille, eine vage Idee auch in eine endgültige Form zu bringen. Das, so hat es den Anschein, begründet den internationalen Erfolg der Designerin. Dieser Wille treibt sie an und gibt ihr die Kraft für viele sehr lange Arbeitstage.

Stricken ist in Deutschland wieder im Trend. »Aber«, so Claudia Wersing, »wir sind ein bisschen spät dran, in den USA und England treffen sich Frauen schon seit Jahren zu unterhaltsamen und produktiven Strickabenden.« Nun hat dieser Trend also auch im niedersächsischen Blender bei Claudia Wersing Einzug gehalten.

Die 47-Jährige hat sich in der Szene mit ihren passgenauen Entwürfen einen Namen gemacht. »Meine Schnitte und Muster«, sagt Claudia Wersing, »sitzen einfach.« Der Entwurf stimmt, und ihre Kollektionen haben modernen Charme und Chic, sind romantisch, rustikal, modisch, manchmal aufregend und sexy, aber immer unverwechselbar.

Ein Statement, das auch die großen Strickzeitschriften im In- und Ausland abgeben. In vielen von ihnen sind die Entwürfe der Strickkünstlerin zu finden. Namhafte Wollhersteller schicken ihr die ersten Knäuel einer neuen Kollektion und warten gespannt ab, wie das Material die Designerin inspiriert. Die ausgefallensten Wollkreationen kommen aus Japan. Dort hat sich der Hersteller der »Noro-Wolle« darauf spezialisiert, Wolle in den Farben des Regenbogens einzufärben. Die flauschigen Knäuel im Regal sind ein Farbrausch. Daraus entstehen dann zum Beispiel kuschelige, dicke Strickjacken im beliebten Oversize-Look, so gemütlich und chic, dass sogar der Winter seinen Schrecken verliert. Und das kann man in Norddeutschland gut gebrauchen!

Einmalig sind auch die Strickkurse, die auf dem Hof in gemütlicher Runde stattfinden. Dort sitzt dann die Ärztin neben der Pastorin, die Studentin neben der dreifachen Mutter und alle genießen die Stunden mit klappernden Nadeln, einem guten Glas Wein und mitgebrachtem selbst gebackenen Kuchen. »Das«, so Claudia Wersing, »ist im stressigen Alltag die Stunde der Frauen.« Stricken beruhigt die Nerven, wirkt beinahe meditativ. Es entsteht etwas ganz Persönliches unter fachkundiger Anleitung, und gute Gespräche ergeben sich von ganz allein.

Treffpunkt Strickwerkstatt …

Der Strick-Treff im Hofladen ist längst mehr als ein Raum für eine Unterrichtsstunde; er ist zu einem geliebten Ritual geworden. »Wir arbeiten daran weiter«, so die Initiatorin, »er soll erweitert und der Hofladen noch weiter verschönert werden.« In Planung ist ein Hofcafé, ein Ziel für Strickerinnen, interessierte Gäste und die vielen Radfahrer, die rund um Verden und entlang der Weser zu ihren Ausflügen unterwegs sind.

Wer sich auf dem Weg nach Blender vom Grün der Wiesen und vom Blau des Himmels inspirieren lässt, nimmt aus der Hofwerkstatt vielleicht eine Tüte Wolle mit, einen Satz Stricknadeln und eine ziemlich genaue Idee davon, wann das neue Kleidungsstück zum ersten Mal getragen werden könnte. Denn wer sich ein bisschen länger im Laden von Claudia Wersing aufhält, spürt dieses merkwürdige Kribbeln in den Fingern: Vielleicht sollte ich wieder einmal stricken? Ganz in Ruhe, nach einem schönen Muster - und dabei gute Wünsche in den neuen Kinderpulli mit einstricken und ganz entspannt den Gedanken nachhängen. Herrlich.

Mehr als nur eine Vorstellung sind die Pläne für das Hofcafé: Dort plant Claudia Wersing, neben den fröhlichen Strickabenden auch ein Kultur-Programm anzubieten. Lesungen, Musik und Kleinkunst passen gut zu bunten Wollknäueln. Und Opa Wersings Sachertorte! »Die ist unglaublich saftig …« Sie wird nach einem ganz besonderen Familienrezept, das seit Generationen in der Familie weitergereicht wird, gebacken. Denn die kleine Claudia ist in einer Bäckerei aufgewachsen, in Hagen in Westfalen. Die Schwäche für Süßes und Kuchen ist geblieben – und das Rezept, das jetzt zum Geheimtipp für das Café werden könnte. ☕

Manufaktur Wersing
Die Hofwerkstatt
Mühlenberg 1
27337 Blender
Telefon 04233/9430667
www.claudiawersing.de

Claudia Wersings Tipps zu besonderen Orten rund um Blender

Konditorei Erasmie

In der Konditorei Erasmie in der Großen Straße in Verden bietet die Inhaberin Sybille Jackl »Pferdeäpfel« an; die sind entgegen der Annahme lecker und aus Schokolade. Vor dem Schaufenster ruft allein die Bezeichnung dieser Spezialität regelmäßig Heiterkeit hervor. Wir lassen uns von dem Namen nicht abhalten und probieren das köstliche Gebäck wie auch die weitere Spezialität, die »Verdener Nüsse«. Vorsicht, Suchtgefahr!

Konditorei und Café Erasmie
Große Straße 102
27283 Verden (Aller)
Telefon 04231 / 2406
www.cafe-erasmie.de

Pflanzenmeister
Wer sich Anregungen für Haus und Garten holen will, wird bei Kirsten Buick fündig. Die Gärtnermeisterin ist in ihrem Betrieb »Pflanzenmeister« allgegenwärtig und weiß auf alle Fragen Antwort.

Pflanzenmeister
Brunnenweg 1
27283 Verden (Aller)
Telefon 04231 / 73747
www.pflanzenmeister.de

Buchhandlung Vielseitig
Eine vielseitige Buchhandlung: Die Inhaberinnen Anke Böse und Christine Westphal (Foto oben) verkaufen nicht nur Bücher, sie legen besonderen Wert auf Beratung und veranstalten viele Abende um das Thema Lesen und Kultur. Auch Verden-Spezifisches ist im Angebot: Die beiden verkaufen unter anderem die Produkte von »doppelpunkt:design«, einer Firma aus Achim, die allerlei Verden- und Achim-Typisches herstellt. Anschauen lohnt sich!

Der Lesetipp: Der Regional-Krimi »Erfrorene Seelen« von Jürgen Warmbold endet mit einem Showdown im Verdener Dom!
VIELSEITIG Buchhandlung & Buchberatung GbR
Große Straße 13
27283 Verden

Telefon 04231 / 6774919
www.vielseitig-verden.de

doppelpunkt:design GbR
Schwedenschanze 29
28832 Achim
Telefon 04202 / 637909
www.shop-doppelpunkt-design.de

Die Produkte von doppelpunkt:design sind auch im Glücksbringer-Shop zu finden.
Glücksbringer-Shop
Große Straße 37
27283 Verden (Aller)
Telefon 04231 / 9823896
www.gluecksbringer-shop.com

Bäckereien mit Tradition
Besonders stark vertreten sind in der Gegend Landbäckereien, die nach alten Rezepten backen. Die Landbäckerei Wöbse ist in und um Verden mit vielen Filialen vertreten. Im Stammhaus werden unter anderem Brote mit sonderbaren Namen gefertigt: Der »Ützen«, der »Eckige Lindler« und der »Windmüller«. Das Brötchen »Verdi« verdankt seinen Spitznamen der Stadt Verden. Der »Feinschmecker« stufte die Landbäckerei Wöbse unter die besten 600 Bäckereien Deutschlands ein.
Landbäckerei Wöbse
Alte Dorfstraße 4
27308 Kirchlinteln
Telefon 04236 / 329
www.baeckerei-woebse.de

Die Steinofen-Backstube in Hollen bezeichnet sich als Bio-Bäckerei. Sie feierte im Jahr 2011 ihr 25-jähriges Jubiläum und wurde vom »Feinschmecker« auch 2013 zum wiederholten Male zu den besten Bäckereien Deutschlands gewählt!
Steinofen-Backstube Hollen GmbH
Hollen 25
27327 Martfeld
Telefon 04255 / 1231
www.steinofenbackstube.de

Die Stadtbäckerei Uhde feiert in diesem Jahr bereits ihr 120-jähriges Bestehen! Im dazugehörigen Café in Hoya kann sich der Gast so richtig verwöhnen lassen! Ob im Lounge-Bereich, Kaminzimmer, Rauchsalon oder draußen im Hofcafé, überall werden die leckeren Köstlichkeiten aus der Backstube serviert!
Stadtbäckerei Uhde
Deichstraße 23
27138 Hoya
Telefon 04251 / 2309
www.stadtbaeckerei-uhde.de

Der Bücherwurm in Achim
Einen weiteren schönen Laden gibt in Achim: Im Bücherwurm von Sabine Freyer und Gabriel Kulpe wird neben Büchern, Papeterien und Geschenken auch etwas ganz Besonderes verkauft: Die Postkarten von Annanym sind sehenswert! Kathrin Lannsen und Gaby Kulpe entwerfen wunderschöne und sehr ungewöhnliche Postkarten, an denen keine Frau vorbeigehen kann.
Bücherwurm
Herbergstraße 12
28832 Achim
Telefon 04202 / 82166
www.buecherwurm-achim.de

Die Chilli-Manufaktur in Soltau

Sie liegt etwas entfernter, ist aber dennoch einen Besuch wert: Die Chilli-Manufaktur in Soltau ist ein kleiner Familienbetrieb im Herzen der Lüneburger Heide. Familie Menke züchtet und verarbeitet eigens gezogene Chilli in reiner Handarbeit zu teils ungewöhnlichen Produkten. Liebevoll werden die verschiedensten Geschmackskompositionen konzipiert, in der eigenen Küche hergestellt, abgefüllt und verpackt. Konservierungsstoffe und künstliche Zusätze kommen dabei nicht zum Einsatz. Die Chilli-Spezialitäten sind etwas ganz Besonderes! Zum Sortiment gehören milde bis sehr scharfe Saucen, feinste Chutneys von süß und fruchtig über herzhaft bis scharf und leckere Brotaufstriche in jeder Schärfe. Susanne Menke, die die Firma gegründet hat, verkauft auch Relishes in sehr kreativen Varianten sowie wertvolle Öle, herzhaften Senf und viele andere Köstlichkeiten.

Chilli Manufaktur – Sacred heart

Susanne Menke
Dannhorn 5a
29614 Soltau (Ortsteil Dannhorn)
Telefon 05191 / 18223
www.die-chilli-manufaktur.de

Radfahren rund um Blender

Rund um Blender ist eine Fahrradtour Pflicht! Vielleicht nehmen wir als Ausgangspunkt das »Landhotel zur Linde« in Verden, das »Bett und Bike« anbietet. Die Landkreise Verden und Achim haben zahlreiche Touren-Vorschläge ausgearbeitet.

Wie wäre es mit der »Liebes-Tour«? Sie verläuft auf einem Rundkurs zwischen Achim, Langwedel und Thedinghausen auf einer Gesamtlänge von ca. 32 Kilometern. Man kann an jedem beliebigen Punkt auf die Strecke gehen, deren Verlauf durch eine Rose auf den Radewegeschildern gekennzeichnet ist. Auf diesem Rundkurs

Foto: Didi01 / pixelio

sind historische Spuren der Liebe zu ent-
decken – in Bäume geritzte Herzen und
Liebesgeschichten, die mit den am Weges-
rand liegenden historischen Bauten ver-
knüpft sind. Zahlreiche Plätze und Orte
entlang der Route durch die Wesermarsch
laden zum Verweilen und Entspannen ein.
Die Tour führt unter anderem am Erbhof
Thedinghausen und am Schloss Etelsen in
Langwedel vorbei; es kann von außen be-
sichtigt werden, Park und Mausoleum sind
Besuchern zugänglich.

Claudia Wersing empfiehlt auch die
»Blender-Tour«. Sie verbindet Mühlen, Kir-
chen, Speicher, Seen und ein Rittergut in
der Samtgemeinde Thedinghausen.

Die Tourist-Informationen helfen gern
bei der Routenplanung und bieten das Buch
»Mit dem Fahrrad und Schnürschuh durch
Achim und umzu« an, in welchem drei Rad-
und sieben Wanderrouten aufgeführt sind.

Tourist-Information Achim
Obernstraße 38
28832 Achim
Telefon 04202 / 2949
www.achim.de

Tourist-Information Verden
Große Straße 40
27283 Verden
Telefon 04231 / 12345
www.verden.de/tourismus

Café Arndts-Meyer Hof in Thedinghausen
Hier lohnt sich eine Pause: Im Café Arndts-
Meyer Hof lockt neben dem netten und ge-
mütlichen Ambiente der verführerisch gute
Kuchen, den Claudia Wersing als Enkelin
eines Bäckers besonders zu schätzen weiß.
Café Arndts-Meyer Hof
Wulmstorfer Straße 6
27321 Thedinghausen OT Wulmstorf
Telefon 04233 / 671
www.arndts-meyer-hof.de

Sachertorte nach Opas Rezept

(für eine Springform von 26 cm)

Zutaten
125 g Zucker
125 g Butter
8 Eigelb
130 g Brösel (alter Sandkuchen)
40 g Kakaopulver
Zimt
Vanille
Rum
6 Eiweiß
Aprikosenmarmelade
Vollmilchkuvertüre

Foto: Lichtbild Austria / pixelio

Zubereitung
Zucker, Butter und Eigelb schaumig rühren.

Brösel fein zerbröseln und unterrühren.

Kakao, Zimt, Vanille und Rum unterrühren.

Eiweiß steif schlagen, unterziehen, in die Springform füllen, bei 180 bis 200 Grad Celsius ca. 30 Minuten backen.

Aprikosenmarmelade heiß machen, dicke Stücke entfernen, Torte mit einem Stäbchen etwas löchern und mit der heißen Marmelade tränken.

Mit der Vollmilchkuvertüre die Torte überziehen.

Eventuell Papierstern ausschneiden und die Torte mit Puderzucker verzieren.

Die Königin
der schönen Dinge

Gundula Könighaus Second-Hand-Boutique in Lehrte

In Lehrte, vor den Toren Hannovers, verkauft Gundula Könighaus schöne Dinge. Ihr Laden an einer belebten Straße ist klein, immer gut bestückt und immer gut besucht. Kundinnen gehen mit großen Tüten hinein und Kundinnen kommen bepackt mit großen Tüten hinaus. Das Geschäft »Könighaus« in der Ahltener Strasse ist ein Second-Hand-Shop. Es lebt von den Kundinnen, die schöne gebrauchte Ware bringen. Von den Frauen, die gern gut und günstig einkaufen und von Gundula Könighaus, die ihrem Namen alle Ehre macht und sich mit dem Geschäft einen Traum erfüllte.

Kann ein Name das Leben bestimmen? Ja, sagen die, die sich damit auskennen. Wir sind oft so, wie wir genannt werden. Unser Name sucht uns und irgendwann werden Persönlichkeit und Name eins. Oftmals beginnt dann eine besondere Karriere.

Kann das auch für Gundula Könighaus gelten? Die gut aussehende, hochgewachsene Frau ist seit vier Jahren im Raum Hannover die Königin der Secondhand Mode. Damit hat die 49-Jährige ihre Berufung gefunden. Ihren Kundinnen beschert sie tagtäglich wunderbare Momente in ihrem Geschäft. Hier kann man ausgiebig in hochwertiger Kleidung stöbern, ein Glas Sekt trinken, viele Tipps und Anregungen austauschen und mit der Chefin über die großen und kleinen Probleme des Lebens reden. Aus dem Geschäft von Gundel, wie sie von ihren Kundinnen genannt wird, geht man reich beschenkt wieder hinaus. Schöne Mode für wenig Geld gibt es natürlich auch. Gundula Könighaus ist schon immer gern über Flohmärkte gezogen. Hat mal etwas gekauft,

Hinter der Ladentür von Könighaus Exklusiv Second-Hand findet sich gekonnt arrangierte schöne Mode für wenig Geld.

dann wieder einen eigenen Stand betrieben. Gemeinsam mit ihrer Mutter wurden die Kleiderschränke der Familie durchforstet und lange nicht Getragenes auf den Märkten rund um die Niedersächsische Landeshauptstadt angeboten. Das Flohmarkt-Geschäft unter freiem Himmel lief bestens.

Gundula Könighaus wusste damals schon ihre Ware ins rechte Licht zu rücken. Und sie erkannte ihre ganz besondere Begabung. Verkauft wurde nicht vom ungeordneten Haufen oder aus dem Karton heraus. Der Könighaus-Stand war oftmals der hübscheste auf dem Markt. Die Second-Hand-Schnäppchen wurden liebevoll und sorgfältig ausgesucht, aufgebügelt und ansprechend präsentiert. Was gut zusammen passte, wurde auch miteinander kombiniert. Hose und Pulli, Kette und Gürtel, alles miteinander harmonierend. Und genau so wurde es dann auch verkauft.

Das war die hohe Kunst: die Kundin suchte nur einen Pullover und nahm ein komplettes Outfit mit. »Weil es so schön zusammen passte«, lächelt Gundula Könighaus glücklich, »und weil ich wirklich wollte, dass die Damen schön aussahen mit den neuen alten Sachen.« Jeden Samstag wurde der Laden unter freiem Himmel an einem anderen Ort aufgebaut und überall gab es viele begeisterte Kundinnen.

Und dann, wie so oft, griff das Schicksal ein. »Ich glaube, es sollte alles so kommen«, sagt Gundula Könighaus rückblickend, »ich wollte nie ein Geschäft suchen, also ist das

Geschäft zu mir gekommen.« Eine Flohmarkt-Kundin hatte sie angesprochen, ob sie nicht auch Lust hätte, Ware in Kommission zu verkaufen. Und das vielleicht in einem Laden, der zufällig in Lehrte frei wäre.

»Das war ziemlich aufregend für mich«, weiß sie aus der Vergangenheit zu berichten, »ich dachte immer, das will ich gar nicht und das kann ich auch gar nicht.« Dass dieser Gedanke damals ganz falsch war, sieht jeder, der heute den Laden betritt. Ein kleines Paradies verbirgt sich hinter der Ladentür. Dabei war am Anfang alles recht spartanisch. »Wir haben noch nicht einmal renoviert«, weiß die Inhaberin zu berichten, »obwohl mein Mann von Anfang an begeistert war, ich habe immer gebremst.« Sie wollte langsam ankommen im neuen Leben als Geschäftsfrau, denn es war auch eine Umstellung für die zweifache Mutter. Der komplette Familienhaushalt musste neu organisiert werden.

»Und manches musste ich ganz konsequent bei meiner Familie umsetzen, damit nicht das ganze Familienleben auseinander fällt«, erinnert sich die blonde Geschäftsfrau. »Ich wollte gemeinsame Mahlzeiten, mindestens einmal am Tag, am besten aber morgens und abends. Und ich wollte, dass wir uns weiterhin gesund ernähren und dass nicht alles dem hektischen Alltag des Geschäftes untergeordnet wird.«

Mit viel Disziplin hat dies geklappt. Bei Familie Könighaus, das sind Ehemann Chris und die drei Kinder, wird zu Hause viel im Wok gekocht. Gemüse, Nüsse, manchmal Fleisch, oftmals Fisch sind die Zutaten. Liebevoll soll alles zubereitet werden und die Fa-

Gundula Könighaus findet für jede das passende Outfit.

milie soll sich zum Essen an den Tisch setzen. Wie das geht, wenn die Zeit knapp ist? »Ich schnippele vor«, lacht Gundula Könighaus, »dann ist das Kochen nicht mehr ganz so schlimm.« Frisches Gemüse für den Wok lässt sich portionsweise einfrieren und nach Bedarf verarbeiten. So geht es gesund zu am Esstisch, und es ist auch köstlich und leicht. »Kalorien«, weiß sie zu berichten, »zähle ich nicht, ich koche frei nach Schnauze. Die Zutaten sind nicht schwer zuzubereiten, und Essen aus dem Wok macht lange satt. Wer es etwas reichhaltiger mag, streut einfach ein paar Nüsse darüber.«

Spindeldürr muss die Kundin nicht sein, die bei Frau Könighaus einkaufen möchte. Die gängigen Größen sind 38, 40, 42 und 44. Und mit den Tipps und Tricks der Chefin kann man sich leicht ein bisschen schmaler mogeln. »Gürtel, Tücher und Ketten machen aus jedem Outfit etwas Besonderes, und man kann mit Tüchern und langen Ketten die Figur strecken.« Da ist Gundula Könighaus ganz erfahrene Verkäuferin. »Ich kenne bestimmt 20 verschiedene Arten, ein Tuch zu knoten, da sehen selbst Jeans und Pullover immer wieder anders aus.«

Ein besonderer, aber ganz einfach umzusetzender Tipp ist es, wenn man ein 90 x 90 Zentimeter großes Tuch rollt und durch die Gürtelschlaufen einer Jeans zieht. Die Enden werden vorne seitlich verknotet und fertig ist ein ausgefallener »Gürtel«.

Jeans und Pullover sind auch der Renner im Geschäft. Die meisten Kundinnen greifen zu diesen Kleidungsstücken zuerst. »Vielleicht«, weiß die Ladenbesitzerin, »weil sie vertraut sind. Aber ich schaffe es auch, meine Kundinnen ganz anders aussehen zu lassen. Erst sind sie skeptisch und dann so begeistert, dass sie mir sogar Dankesbriefe schreiben. Darüber freue ich mich sehr.«

Übrigens ist der Sonntag in Lehrte ein beliebter Tag für den Stadtbummel. Wenn die Besucherinnen dann die Schaufenster studieren, findet Gundula Könighaus häufig am Montag einen kleinen Brief im Postkasten. »Liebe Gundula«, steht dann auf einen Fetzen Papier, »bitte reserviere mir unbedingt die tolle rote Handtasche.« Und das macht sie dann natürlich gerne.

Für ihre Kundinnen tut sie noch viel mehr. Einmal im Jahr, im November, findet das große »Vielen-Dank-an-meine-Kundinnen-Fest« statt. Dann platzt der kleine Laden aus allen Nähten. Es gibt ein abwechslungsreiches, unterhaltsames Programm mit Stil- und Schmuckberatung, eine Kosmetikerin und ein Friseur sorgen für das gute Aussehen und ein Fotograf zeigt die Kundinnen von ihrer besten Seite. Natürlich gibt es ein Glas Prosecco und schmackhafte Häppchen vom Büffet. Bis spät in den Abend -brennt dann das Licht bei »Könighaus Exklusiv Second-Hand«. Und eines ist mal wieder allen bewusst: Bei Gundula Könighaus sind alle Frauen Königinnen.

Könighaus Exklusiv Second-Hand
Ahltener Straße 12 | 31275 Lehrte
Telefon 05132/8738922
www.koenighaus-exclusivsecondhand.de

Glitzer – kein Problem für Gundula …

Ausflugstipps rund um Lehrte

Restaurant Marg-i

Wenn die Familie Könighaus richtig fein essen gehen will, geht sie ins Marg-i, das Restaurant mit Biergarten im Parkschlösschen. Dieses von den Freundinnen Margrith und Inge geführte Restaurant lässt keine Wünsche offen! In heimeliger und dennoch moderner Atmosphäre kann Gundel mit ihrer Familie so richtig entspannen! Die Familie Könighaus kommt nicht nur zum Essen hierher, sie nimmt auch gerne an den vielen angebotenen Veranstaltungen teil, besonders an den Jazz-Frühschoppen.

Marg-i-Restaurant im Parkschlösschen
Am Parkschlösschen 1
31275 Lehrte
Telefon 05132 / 51712
www.marg-i.de

Radtouren rund um Lehrte

Da Gundula Könighaus durch das Geschäft sehr eingebunden ist, gehört die Freizeit der Familie. Gemeinsame Radtouren entlang des Mittellandkanals stehen in den Sommermonaten auf dem Programm. Rechts und links der viel befahrenen Wasserstraße

verläuft ein gut ausgebauter Radweg. Wer möchte, kann bis Hannover oder Richtung Magdeburg radeln. Aber auch für kleine Ge-

Foto: Gila Hanssen/pixelio

nusstouren ist die Strecke bestens geeignet. Lehrte wurde im Jahr 2009 zur fahrradfreundlichsten Kommune Niedersachsens gekürt! Und nicht umsonst fährt Gundel Könighaus in ihrer Freizeit so gerne Rad: Die Gegend um ihren Wohnort ist herrlich eben, bestens für Radtouren geeignet. So ist der »Lehrter Ring« eine ausgewiesene Fahrradstrecke: Ring 1 führt 51 Kilometer rund um Lehrte herum, Ring 2 verläuft 30 Kilometer durch Lehrte und die umliegenden Ortschaften, und Ring 3 führt auf einer Strecke von 24 Kilometern durch Hämelerwald, Sievershausen, Arpke und Immensen.
Informationen: www. adfc-lehrte-sehnde. jimdo.com/lehrter-ring

Gutshof Rethmar

Gundula Könighaus verbindet das Radfahren gern mit einer kleinen Einkehr vor der

markt und viele mehr. Ein Blick ins umfangreiche Programm lohnt sich, auf dem Gutshof finden oftmals auch Live-Konzerte statt.

Gutshof Rethmar Betriebsgesellschaft mbH
Gutsstraße 16
31319 Sehnde
Telefon 05138/606913
www.gutshof-rethmar.de

Kapellenkrug Bilm

Bei einer Radtour in Richtung Sehnde findet man im Ortsteil Bilm einen Geheimtip: das Restaurant Kapellenkrug. Hier sitzt die Familie Könighaus im Sommer unter herrlichen alten Rosenstöcken im Biergarten, im Winter gerne im Inneren des gemütlichen Hauses. Und wer will, kann auch gleich vor Ort heiraten, der Kapellenkrug verdankt seinen Namen der anliegenden Kapelle.

Kapellenkrug
Freienstraße 11
31319 Sehnde/OT Bilm
Telefon 05138/702100
www.kapellenkrug.de

Umkehr. Ein beliebtes Ziel ist der Gutshof Rethmar. Hier sitzt man in schönstem Fachwerkambiente und kann sich mit Essen, Trinken und auch selbstgebackenem Kuchen verwöhnen lassen. Gundel Könighaus sitzt hier am liebsten in der gemütlichen Schmiede vor dem offenen Kamin und im Sommer auf der großen, schattigen Außenterrasse und unternimmt einen Gang durch den Gutspark.

Der Gutshof Rethmar ist darüber hinaus auch für seine zahlreichen und zum Teil außergewöhnlichen Veranstaltungen bekannt. Ausstellungen, Vorstellungen wie Lesungen und Comedy-Veranstaltungen führen sie immer wieder hierher. Eine kleine Tour wert sind auch die vielen Sonderveranstaltungen wie zum Beispiel das Erdbeerfest, der Herbst-

Galerie Vera Lindbeck

In Isernhagen besucht Gundula Könighaus gern die Galerie Vera Lindbeck, in der häufig wechselnde Ausstellungen immer wieder ihr Interesse wecken. Vera Lindbeck versteht es, interessante und teils außergewöhnliche Künstler zu finden, die beim Publikum in all ihrer Unterschiedlichkeit gut ankommen.

Galerie Vera Lindbeck
Leddinring 23
30916 Isernhagen
Telefon 0511 / 7243242
www.galerie-veralindbeck.de

Städtische Galerie Lehrte

Gundel Könighaus besucht gerne Ausstellungen in der »Alten Schlosserei« auf dem Gelände der ehemaligen Zuckerfabrik. Neben dem »Kubus« in Hannover ist Lehrte die einzige Stadt, die sich in der Region Hannover eine Galerie leistet. Seit 2006 verfügt Lehrte mit der Städtischen Galerie in der über 50 Jahre alten Schlosserei nicht nur über einen außerordentlich schönen Ausstellungsraum, sondern auch über eine Veranstaltungsfläche mit großer Bühne. Die sanierte und renovierte Schlosserei ist als Ausstellungsort für Skulpturen und Objektkunst ideal ausgestattet. Konzerte, Comedy-, Chor- und Vortragsveranstaltungen markieren die Bandbreite der Kunst- und Kulturevents, die in der Alten Schlosserei regelmäßig stattfinden.

Städtische Galerie Lehrte
Alte Schlosserei 1| 31275 Lehrte
Telefon 05132 / 1096
www.lehrte.de

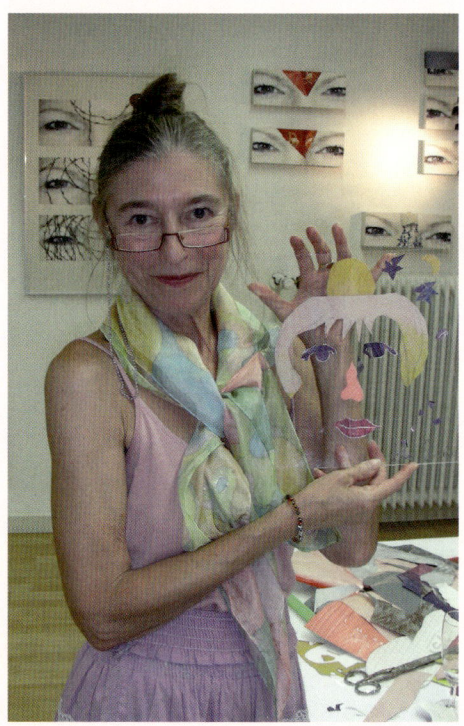

Gesundes Gemüse aus dem Wok

Zutaten

*1 kleiner Brokkoli,
in kleine Röschen zerteilt und halbiert
2 Möhren, in Scheiben geschnitten
1 kleine Kartoffel, geschält und
in Würfel geschnitten
1 Orange (Schale und Saft)
1 fein geschnittene Knoblauchzehe
2 EL Olivenöl
Salz und Pfeffer
Eventuell Nüsse*

Foto: sigrid rossmann/ pixelio

Zubereitung

Kartoffelwürfel und Möhrenscheiben in wenig Salzwasser ca. fünf bis sechs Minuten kochen und anschließend blanchieren.

Die Brokkoliröschen in heißem Olivenöl in einem Wok anbraten.

Die Knoblauchscheiben dazugeben, kurz mit durchbraten.

Die vorher abgekochten Kartoffelwürfel und Möhrenscheiben dazugeben, alles gut vermengen und nochmals kurz aufbraten.

Mit dem Saft der Orange ablöschen und die vorher fein abgeschälte Orangenschale dazugeben. Evtl. mit Pfeffer und Salz nachwürzen und sofort servieren.

Wer mag, kann am Ende auch noch Nüsse darüber streuen.

Der »Romantische Winkel« in Bad Sachsa

Nora Oelkers besonderes Wellness-Resort

Über dem Südharz scheint die Sonne und lockt die Ausflügler zum Wandern auf den Ravensberg in Bad Sachsa. Bereits früh am Morgen sind sie unterwegs – mit gefülltem Rucksack und viel guter Laune. Der Weg führt in Bad Sachsa am Wellnesshotel »Romantischer Winkel« vorbei. Im wohl temperierten Außenschwimmbecken ziehen die Morgenschwimmer ihre Bahnen oder verweilen am Beckenrand und genießen es, das Farbenspiel der Bäume zu betrachten oder in den blau-weißen Himmel zu schauen.

Nora Oelkers, die Hotelchefin, die schon seit zwei Stunden im Haus beschäftigt ist, hat das alles ebenfalls wahrgenommen. Achtsamkeit prägt ihren Berufsalltag. Achtsamkeit will sie an die Gäste ihres Hauses weitergeben. »Der Harz«, das ist ihre ganz persönliche Erfahrung, »ist der ideale Ort, um auszuruhen und sich zu besinnen. Dabei wollen wir unsere Gäste unterstützen.« Ein entsprechendes Programm, das weit über das hinausgeht, was allgemein als Wellness-Wochenende angeboten wird, hat sie mit ihrem Team in den vergangenen Jahren erarbeitet. Möglichst vielen Menschen zu einem bewussteren Leben zu verhelfen, ist ihr ein ganz besonderes Anliegen.

Der »Romantische Winkel« gehört zu den Traditionshotels im Südharz. Bad Sachsa hat sich bereits im vergangenen Jahrhundert einen europaweiten Ruf als Luftkurort erworben. Aristokraten und Persönlichkeiten des öffentlichen Lebens zog es zur Luftkur in den Südharz. Die Hotelchefin zitiert gerne ihre Großmutter, die von der »Champagnerluft« in Bad Sachsa sprach. Im Stammhaus der Familie Oelkers, einem gemütlichen alten Haus mit viel Holz und noch mehr Geschichte, der »Villa«, hat ein russischer Diplomat regelmäßig seine Urlaubstage verbracht, weil er nur in Bad Sachsa gut schlafen konnte.

Das Spa- und Wellness-Resort von Nora Oelkers bietet Außen- und Innenschwimmbad, gemütliche Zimmer und Erholung in der Sauna.

Nora Oelkers erzählt die Geschichte voller Stolz und zeigt die hohen, imposanten Räume, die noch immer etwas Besonderes ausstrahlen. Heute sind es komfortable, hübsche Doppelzimmer mit Flair und Geschichte.

Genau der richtige Rahmen, um als Paar die »Fünf Sprachen der Liebe« zu erkunden. Dieses Programm liegt Nora Oelkers besonders am Herzen. »Viele Paare«, so hat sie beobachtet, »haben im Alltag verlernt, auch ihre Liebe zu leben. Wir organisieren und erledigen und vergessen dabei, dem anderen nahe zu sein.« Hier, im Südharz, haben schon viele Paare ihre Zuneigung zueinander wieder neu entdeckt: Auf einsamen Wanderwegen, bei gemeinsamen Massagen und den klugen Anregungen der Hotelchefin, dem Partner auch einmal wieder persönliche Fragen zu stellen. »Denn das«, so weiß Nora Oelkers, »prägt die Sprache der Liebe.« Unter anderem, denn das Programm hält noch ein paar Überraschungen bereit!

Nora Oelkers wird bestimmt durch den Wunsch, mit den Gästen, dem Haus, den Ressourcen nachhaltig umzugehen. Seit Jahren beschäftig sie sich mit Wellnesskonzepten. Sie hat in der hauseigenen Schönheitsfarm vieles ausprobiert und auf hohem Niveau angeboten. Ihr Wunsch nach Perfektion und Vollkommenheit kam den Gästen zugute. Sie selbst hat sich dabei jedoch immer mehr verloren. Die Familie mit drei Kindern verlangte tag-

täglich nach Zuwendung, Betreuung und Aufmerksamkeit. Die Gemeinsamkeit mit Ehemann Josef, ebenfalls als ausgebildeter Hotelfachmann im Haus tätig, ging im Stress verloren. Umgeben von den schönsten Wellnessangeboten, stürzte Nora Oelkers in ein schweres Burnout-Syndrom. So massiv, dass ihr Berufsleben, ja ihr ganzes Leben, ins Wanken geriet. Was Nora Oelkers aus dem Tief half, war ihr Wunsch, es zum Guten zu wenden, das Hotel, die Familie, das eigene Leben neu zu ordnen, auf andere Fundamente zu stellen und alles zu einem neuen, achtsamen Leben zu führen. »Eigentlich«, so berichtet sie heute strahlend, »bin ich dann dem Ruf meines Herzens gefolgt.«

Sie fühlt sich heute stark verbunden mit ihrer Vision eines anderen Lebens, sie ist fast schon dankbar dafür, dass der Zusammenbruch ihr Wege gewiesen hat, ihre Vision zu erkennen, anzunehmen und damit zu arbeiten. Wer sie durch die großzügige Hotelanlage eilen sieht, blickt ihr bewundernd nach. Fast könnte man sagen, da geht die reine Lebensfreude. Und genau so möchte Nora Oelkers ihre Gäste auch nach einem Hotelaufenthalt wieder in den Alltag entlassen. Das bereits preisgekrönte Programm, das sie entwickelt hat, nennt sich RoLigio. Der Name steht für »Einfach. Glücklich. Sein!«

Wer RoLigio bucht, kann auf unterschiedlichen Pfaden in die Entspannung eintauchen, zu sich finden, Fragen stellen und selbst beantworten und gestärkt und mit neuen Ideen und Visionen wieder in das Leben eintauchen. Nora Oelkers könnte Säle füllen, wenn sie darüber spricht, über die unterschiedlichen Rituale, die sie gemeinsam mit Fachleuten ent-

Ob im Restaurant oder im Wellness-Bereich: Nora Oelkers sorgt für entspannende Atmosphäre und wird dabei von ihrer Familie unterstützt.

wickelt hat, um ihre Gäste zu begrüßen und für ein Wochenende, ein paar Ferientage oder einen kurzen Kuraufenthalt auf- und anzunehmen.

RoLigio soll Paare wieder ins Gespräch bringen, Freundinnen bei einem gemeinsamen Wochenende zu Entspannung und Achtsamkeit verhelfen oder dem Gestressten und Ruhe Suchenden Kraft, Klarheit und neue Impulse mitgeben. Nora Oelkers bezieht vieles in ihre Anwendungen mit ein: Die einzigartige Natur vor der Haustür, die Mischwälder des Südharzes, die im Wechsel der Jahreszeiten immer neue Anblicke und Wandermöglichkeiten bieten, den schönen Wellnessbereich und die vielen klassischen Entspannungstechniken und Anwendungen.

Aber sie und ihr Team entwickeln auch ständig Neues. »Mit unseren Gesprächsangeboten«, so freut sie sich, »haben wir schon unglaubliche Ergebnisse erzielt. Ich habe viele Briefe von Gästen bekommen, die unsere Anregungen im Alltag umgesetzt haben und eine positive Veränderung spürten. Das macht auch uns glücklich.«

Bei ihren Gängen durch das Hotel hat sie die Dankbarkeit der Gäste

tagtäglich vor Augen. Vor dem Wellnessbereich steht der »Baum der Dankbarkeit«, eine Birke, gepflanzt in einen schlichten Topf und behängt mit kleinen Kärtchen. Wer den »Romantischen Winkel« verlässt, kann hier zum Ausdruck bringen, wofür er dankbar ist. Viele bedanken sich bei Nora Oelkers, dass sie wieder Leben ins Leben gebracht hat.

Ausflugstipps von Nora Oelkers

Simply Soap

Wenn Nora Oelkers ausspannen möchte, geht sie gern zu Simply Soap in Bad Sachsa im Ortsteil Neuhof: Die Inhaberin Claudia Scholz vertreibt hier himmlische Seifen und Badeaccessoires. Der Laden ist ein echter Farbtupfer im Ortsteil Neuhof mit pinkfarbenen Wimpeln und allerlei Ausgefallenem.

Simply Soap

Lange Straße 21
37441 Bad Sachsa
Telefon 05525/2304

Cynderellas Welt

Auch eine Hotelchefin möchte ab und an shoppen gehen. Nora Oelkers fährt dann zu Cynderellas Welt in Bad Lauterberg: Sandra Jürgens-Schrader, die Inhaberin, verkauft

traumhafte Braut- und Abendmoden und fertigt auch Kleider nach Maß.

Cynderellas Welt

Domänenweg 2
37431 Bad Lauterberg
Telefon 05524/998088
www.cynderellas-welt.de

Ländliche Kaffeestuben

Ein weiteres Ziel für eine »Auszeit« liegt in Limlingerode. Mit den »Ländlichen Kaffeestuben« hat Jutta Wybranietz hier eine wahre Oase für Deko-Begeisterte geschaffen. Das Café selbst ist, wie es der Name schon verrät, ländlich gestaltet. Die Kellnerinnen tragen traditionelle Kleider. Es gibt hausgebackene Kuchen und Torten, die einfach himmlisch schmecken. Alle Deko-Accessoires im Café selbst kann man käuflich erwerben. Auf dem Grundstück befindet sich zudem noch ein liebevoll gestaltetes Geschäft mit weiteren Dekorationsartikeln (Kissen, Tagesdecken, Geschirr, Servietten, Tabletts bis zu Möbeln).

Ländliche Kaffeestuben

Hintergasse 57
99755 Limlingerode
Telefon 036336/57777
www.wohlferien.harz.de

Wandergaststätte Hanskühnenburg

Die Wandergaststätte »Hanskühnenburg« liegt zwischen Osterode, Riefensbeek, Sieber und Oberharz. Sie wird fachkundig-liebevoll von zwei Frauen betrieben. Es gibt deftige Speisen und erfrischende Getränke.

Sowohl im Sommer als auch im Winter ist die »Hanskühnenburg« als Wanderausflugsziel sehr beliebt.

Hanskühnenburg im Harz
Hauskühnenburg 1
37412 Herzberg am Harz
Telefon 0170/8640348
www.hanskuehnenburg-im-harz.de

Ziegenalm Sophienhof

Ihren Gästen empfiehlt Hotelchefin Nora Oelkers gern die Fahrt zur Ziegenalm Sophienhof. Die liegt in ca. 28 Kilometern Entfernung oberhalb von Ilfeld und ist insbesondere bei Familien mit Kindern sehr beliebt. Die Inhaberin bietet sehr gute Produkte rund um die Ziegenmilch. Zudem können Kinder die Tiere beobachten und streicheln.

Ziegenalm Sophienhof
Dorfstraße 44
99768 Sophienhof/Harz
Telefon 036331/48235
www.ziegenalm.de

Kräuterwanderungen und Kochkurse

Etwas ganz Besonderes wird im zwölf Kilometer entfernten Bad Lauterberg angeboten: »ES wird kulinarisch – Elke Schnibbe«, das sind Kräuterwanderungen mit Kochkursen zum Thema »Harzer Kräuterküche«. Mit der Küchenmeisterin Elke Schnibbe werden auch »Kulinarische Märchenabende«, »Kulinarische Weinabende« und Etliches mehr veranstaltet.

Die Konditorin, Frau Sturm, zaubert köstliche Spezialitäten wie die »Lauterberger Blätter«, atemberaubende Hochzeitstorten

Kloster Walkenried

Ein Muss ist für Nora Oelkers Gäste die Besichtigung des Klosters Walkenried. Etwas ganz Außergewöhnliches ist dort zu erleben: Am Abend gibt es eine Führung im Kerzenschein im Zisterzienser Museum Kloster Walkenried, ein unvergessliches Erlebnis mit einmaligem Ambiente dank der vielen Kerzen im Kreuzgang des Klosters. Nicht verpassen sollte man den alljährlich stattfindenden Klostermarkt!

ZisterzienserMuseum Kloster Walkenried
Steinweg 4a
37445 Walkenried
Telefon 05525/9599064
www.kloster-walkenried.de

oder Petit Fours. Alles ist einfach köstlich und lässt alle Vorsätze vergessen! Einfach immer eine Reise wert, wenn man Appetit auf tollen Kaffee und Torte oder selbstgemachte Pralinen und handgeschöpfte Schokolade hat.

Café Schnibbe
Hauptstraße 137
37431 Bad Lauterberg
Telefon 05524 / 92100
www.cafe-schnibbe.de
www.cafe-schnibbe.de/elke-schnibbe-kocht-kulinarisch/veranstaltungen-zur-harzer-kraeuterkueche.html

Bachsaiblingsfilet in Engelshaar auf zweierlei Karotte

Zutaten (für 4 Personen)
800 g Bachsaibling (2 Stk.)
600 g Gelbe Rüben
150 g Karotte
200 g Engelshaar
100 g Kirschtomate
100 g Butter
50 g Schalotte
1 Zitrone
Meersalz
Pfeffer
Zucker

Zubereitung

Die Bachsaiblinge filetieren und küchenfertig herrichten.

Aus den gelben Rüben ein Gemüsepüree kochen.

Die Karotten schälen, tournieren und blanchieren.

Die mit Meersalz, Pfeffer und Zitrone gewürzten Saiblingfilets in Engelshaar wickeln und in Butter beide Seiten kurz anbraten.

Dann für ca. vier bis fünf Minuten in den vorgeheizten Backofen (ca. 160 Grad) weiterbacken.

Das gelbe Rübenpüree auf die Teller verteilen und die halbierten Fischfilets darauf anrichten.

Die glacierten Möhren daneben drapieren, mit den frittierten Kirschtomaten dekorieren.

Zum Schluss mit Zitroneneveloté nappieren.

Der Hemminger Duft der Rose

Dorothea zum Eschenhoff und ihre Parfumkreationen

Es gibt Dinge, die machen das Leben ein bisschen schöner: Guter Wein, das Lachen eines Kindes, ein Sommerabend an der Nordsee, der Duft von frischem Heu. Oder der Duft einer Frau, die ihr eigenes, ganz besonderes Parfüm trägt. Das kann aus Paris stammen oder aus der Luxusabteilung eines ausgesuchten Geschäftes in Berlin. Oder aus Hemmingen bei Hannover.

Und dann hat Dorothea zum Eschenhoff mitgemischt. Wenn Sie ein Parfüm oder einen Raumduft mischt, hat sie vorher lange mit der Trägerin und Kundin gesprochen. »Denn ein Duft«, so Dorothea zum Eschenhoff, »kann zu einer langen und schönen Erinnerung werden. Da sollte er schon passen.«

Dorothea zum Eschenhoff bringt die Begabung mit, genau zu erspüren, was Menschen gefallen könnte. Eigentlich ist sie gelernte Buchhändlerin. Der Umgang mit Büchern, der Besuch einer schönen Buchhandlung erfüllt sie heute noch mit Freude. Nach ihrer zweiten Ausbildung zur Diplom-Bibliothekarin hat sie Schulen und kleine Stadtbibliotheken bei der Auswahl neuer Bücher beraten. Aber der lange ausgeübte Beruf wurde immer mehr zu einer routinierten Tätigkeit. »Kein schlechter Beruf«, so meint sie rückblickend, und doch hat sie 1989 ganz plötzlich gekündigt. Gekündigt, um das Leben noch einmal anders anzugehen. Sich der wunderbaren Welt der Düfte zuzuwenden.

»Mein Mann«, sagt Dorothea zum Eschenhoff lachend in ihrem kleinen Laden, »wusste zunächst gar nichts. Das habe ich für mich allein beschlossen.« Allerdings nicht ganz un-

Aus reinen Ölen komponiert Dorothea zum Eschenhoff Düfte.

vorbereitet. Dass ihr der Umgang mit Düften und Essenzen liegt, hatte sie bereits während eines Wochenendes mit Freundinnen festgestellt. »Damals«, erzählt sie von der Anfangszeit, »wollten meine Freundin und ich ein kinderfreies Wochenende genießen und etwas für uns tun. Wir haben ein Duftseminar gebucht, und ich wusste schnell, damit möchte ich weitermachen, in diesem Bereich möchte ich mich ausbilden lassen. Und dann«, so sagt sie lächelnd, »bin ich da reingehüpft und gut gelandet.«

Bis zum eigenen Laden in Hemmingen ist jedoch noch viel Zeit vergangen. Zwei Töchter hat sie groß gezogen. Dorothea zum Eschenhoff hat die damals knappe freie Zeit allerdings klug genutzt. Sie hat sich weitergebildet, hat sich mit Angebot und Nachfrage befasst und überlegt, was Frauen von guten Duftessenzen erwarten.

Und sie hat ihre Geschäftsphilosophie gefunden: Ihre Ingredienzien müssen vor allem naturrein, biologisch und auf natürlicher Basis entstanden sein. Aus den Urstoffen wie zum Beispiel reinem Rosen- oder Lavendelöl, aromatischem Orangenöl und anregendem Bergamotte-Öl komponiert sie mit Erfahrung und Intuition neue, ansprechende Kreationen. Ihr Motto: Alles, was Menschen im Alltag tun, kann beduftet werden. Räume, Stoffe, große Arztpraxen und kleine Schlafzimmer. Ein schöner Duft kann nicht unbedingt die Welt verändern, wohl aber den Alltag ein bisschen sinnlicher machen.

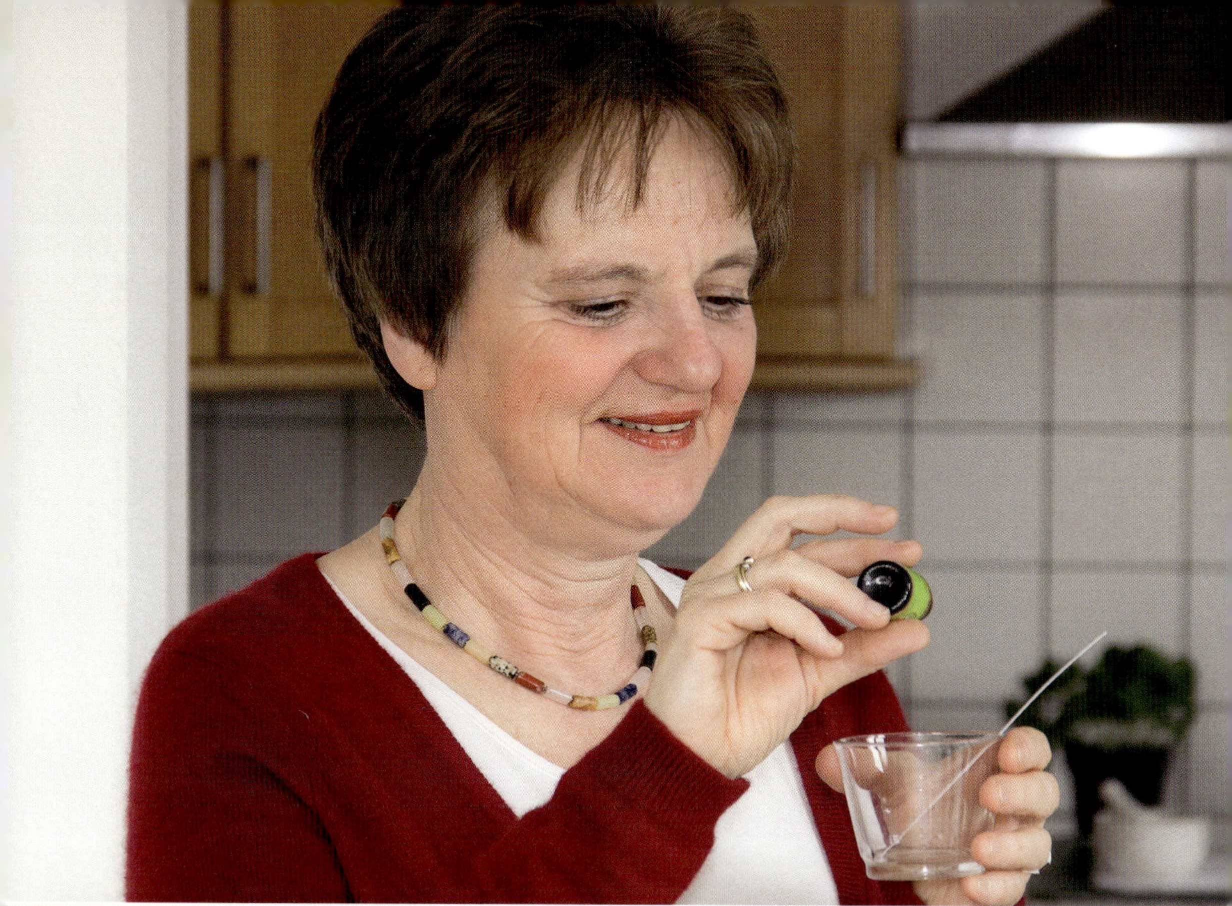

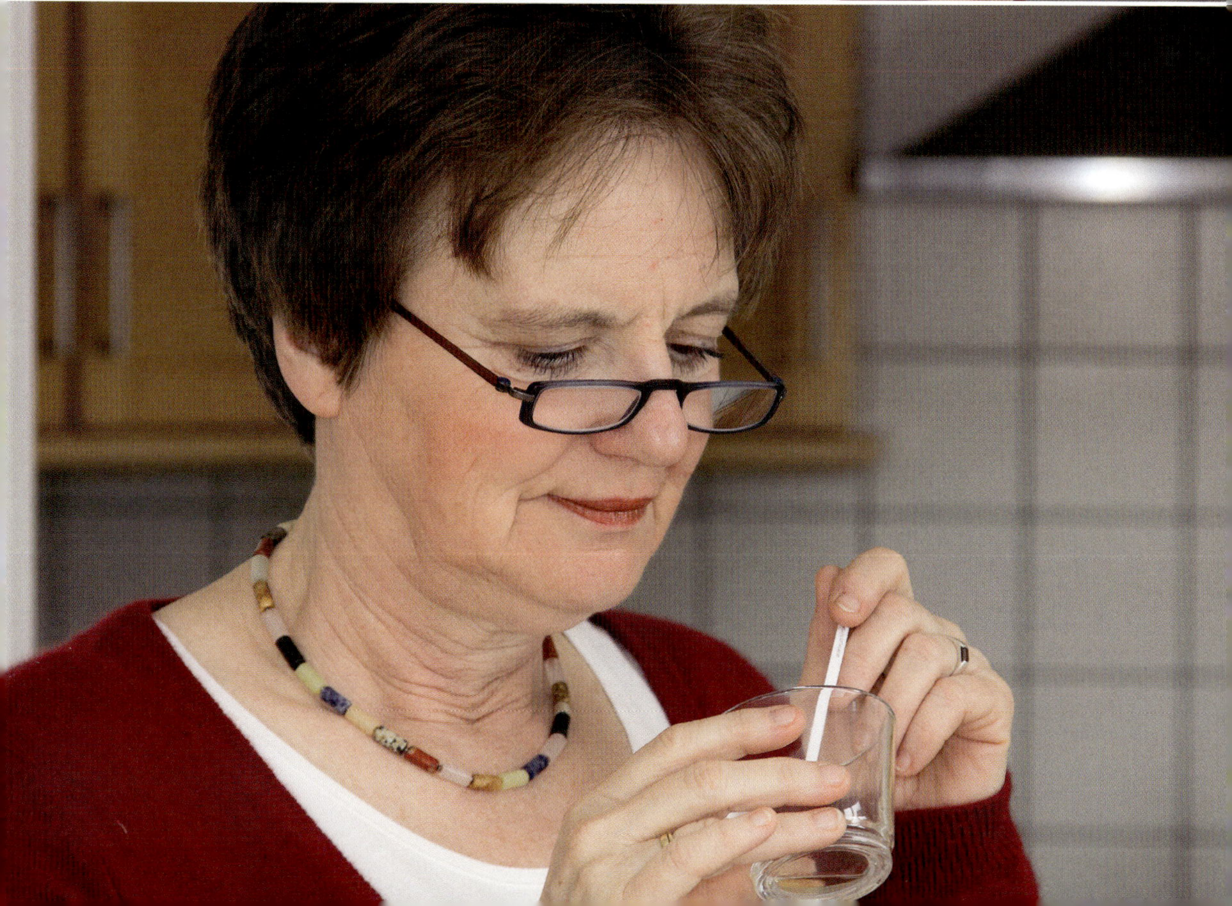

Nicht nur auf die Psyche, auch auf das vegetative Nervensystem wirken sich Duftöle positiv aus. Wir fühlen uns nicht nur wohler, wenn wir reinen Rosenduft atmen, durch die über 500 verschiedenen Inhaltsstoffe wird auch unser lymphatisches System sanft aktiviert. Ein Körperöl mit dem passenden naturreinen Duftöl entfaltet in ungefähr zwanzig Minuten seine Wirkung. Aufgenommen werden die Wirkstoffe über unser größtes Organ, die Haut, dann gelangen sie in den Blutkreislauf. Ausprobieren kann man dies zum Beispiel mit Lavendelöl: Dorothea zum Eschenhoff empfiehlt, dieses bei Schlaflosigkeit in die Fußsohlen einzureiben. Bestimmte Düfte können uns Entspannung bringen, beim Einschlafen helfen, die Stimmung aufheitern und sogar die Angst vor dem Zahnarzt nehmen.

Denn das war in den vergangenen Jahren eines der größten Projekte, eine Zahnarztpraxis – und wir wissen alle, wie es da riecht – in einen Ort zu verwandeln, an dem Menschen sich wohler und entspannter fühlen. »Das war«, so erzählt sie in ihrem kleinen, aber außerordentlich gut duftenden Arbeitszimmer, »ein langwieriger Prozess, aber er hat sich gelohnt. Die Mitarbeiter und Patienten haben die Veränderungen wirklich gut und positiv überrascht angenommen.«

Dorothea zum Eschenhoff sind die Freude und der Stolz über dieses gelungene Projekt anzumerken. Sie lächelt, besonders mit den Augen, wirkt lebhaft und frisch und sehr zugewandt. Ein Abend zum Kreieren des eigenen Parfüms kann bei ihr eigentlich nur harmonisch und unterhaltsam sein.

Bei der Duftkomposition arbeitet Dorothea zum Eschenhoff mit allen Sinnen.

Öffnungszeiten des DuftSinn-Ladens

Dorothea zum Eschenhoff wünscht sich sehr, dass wir die Welt der Düfte erleben. Sie will ihre Kundinnen – und zunehmend kommen auch Männer – nicht an der Nase herumführen. Sie will Zufriedenheit und Wohlgefühl. Gerade in den stressigen Situationen des Alltags kann ein guter, passender Duft ein kleines Wunder bewirken. Kommt daher das Märchen vom Flaschengeist? Befreit man mit dem Öffnen eines passenden Parfümfläschchens nicht den dienstbaren kleinen Kobold, den Lufthauch, der uns streichelt und beruhigt?

Dass es einen großen Bedarf für ihre Angebote gibt, merkt die Duftexpertin, wenn sie in Krankenhäusern oder Seniorenheimen für ein schönes Raumklima sorgen kann. Diese Projekte, entstanden in der Zusammenarbeit mit einer Krankenschwester, liegen ihr besonders am Herzen. Und sollen in der Zukunft verstärkt weiterentwickelt werden. Eine schöne Idee.

Im Hause zum Eschenhoff wird natürlich mit allen Düften experimentiert. Die Töchter, heute erwachsene Frauen, wurden schon zu Schul- und Studentenzeiten mit helfenden Düften versorgt, wenn schwierige Arbeiten anstanden. »Und auch mein Mann«, so Dorothea zum Eschenhof, »ist ein dufter Typ.«

Dorothea zum Eschenhof teilt ihr Wissen gern. Seminare und Kurse mit vielen interessierten Menschen, das ist für sie nicht nur Beruf, sondern Lebensfreude. »Es macht viel Spaß«, weiß sie zu berichten, »Menschen bei der Suche nach einem ganz eigenen Parfüm zu begleiten.« Besonders interessant findet sie es, zu sehen, wie unterschiedlich junge Mädchen und gestandene Frauen hierbei agieren: »Je älter man wird«, so Dorothea zum Eschenhoff, »desto größer ist der Mut etwas zu wagen und auszuprobieren.« Sie weiß, wovon sie spricht, schließlich haben ihr die Düfte geholfen, ein neues, erfülltes Berufsleben zu finden. Da hatte sie einfach die richtige Nase.

DuftSinn
Michael-Ende-Weg 24
30966 Hemmingen OT Arnum
Telefon 05101 / 584134
www.duft-sinn.de

Ausflugstipps von Dorothea zum Eschenhof

Historische Rosengärten in Hemmingen

Wenn Dorothea zum Eschenhoff sich entspannen will, besucht sie gern die Historischen Rosengärten in Hemmingen, gleich »um die Ecke«. Nicht nur von Berufs we-

gen liebt sie alte Rosen, auch für ihren Garten kauft sie dort die eine oder andere Besonderheit. Gern sitzt sie im angeschlossenen Café Rosenrot oder im Sommer im Cafégarten. Der Kuchen ist hausgebacken. Und bevor sich Dorothea zum Eschenhoff auf den Heimweg macht, schaut sie noch nach, ob es bei Rosenrot neue Geschenke oder andere mehr oder weniger nützliche Dinge gibt.

Historische Rosengärten
Göttinger Landstraße 75
30966 Hemmingen
Telefon 0511 / 420770
www.rosengalerie.de

Der Berggarten

Ein weiterer »Duftort« ist ein wenig weiter von ihrem Haus entfernt, im Norden Hannovers: »Eines meiner liebsten Ausflugsziele ist der Berggarten in Hannovers Herrenhäuser Gärten, wo es viele Gewürze, Heil- und Duftpflanzen zu sehen und riechen gibt!« (siehe Foto rechts)

Berggarten in den Herrenhäuser Gärten
Herrenhäuser Straße 4
30419 Hannover
Telefon 0511/16847576
www.berggarten-hannover.de

Landhaus Artischocke

Wenn die Familie zum Eschenhoff fein essen will, schwingt sie sich auf die Fahrräder und kehrt bei Burkard Stein im Landhaus Artischocke ein. Hier gibt es Essen vom Allerfeinsten in einer wunderschönen, anregenden Umgebung. Selbstverständlich verfügt das Restaurant über einen verwunschenen Garten, in welchem im Sommer draußen gesessen wird.

Landhaus Artischocke
Dorfstraße 30
30966 Hemmingen
Telefon 0511 / 94264630
www.artischocke.com

Einkaufen bei Rossini

Die Familie geht nicht nur zum Essen aus, gekocht wird gern auch zu Hause. Gutes Essen ist der Familie wichtig. Nicht ohne Grund ist eines ihrer Lieblingsgeschäfte das Rossini, ein italienischer Großhandel, bei dem die zum Eschenhoffs sizilianische Datteltomaten, Fenchelsalami und selbstgemachte, frische Nudeln einkaufen.

Rossini Gastronomie GmbH
Tillystraße 8b | 30459 Hannover
Telefon 0511 / 423388
www.rossini-gmbh.de

Die Marienburg

So mancher Sonntagsausflug endet nach einer Stunde Radtour auf der Marienburg (s. Foto oben). Hier, im schönen Restaurant im Schloss, gibt es sonntags Brunch – im Winter im Gebäude, im Sommer im Innenhof des Schlosses. Im Schloss finden außerdem Theateraufführungen und Open Air-Veranstaltungen statt.

Schloss Marienburg
Marienberg 1 | 30982 Pattensen
Telefon 05069 / 348000
www.schloss-marienburg.de

Galerie Webstuhl

Mit ihren Freundinnen trifft sich unsere Duftexpertin gern im gemütlichen Galerie Café Webstuhl von Christa Kammer. Selbst gebackener Kuchen, schönste Torten, heiße Schokolade – wie kann ein Nachmittag schöner sein? Zur Erbauung schauen sich die Freundinnen dann auch gern die Exponate der Galerie an.

Galerie Café Webstuhl
Sohlkamp 2 a
30966 Hemmingen OT Ohlendorf
Telefon 05101 / 15280
www.galerie-cafe-webstuhl.de

Tonka-Kirsch-Dessert

50 g zerbröselte Amaretti
100 g Marzipan
500 g Süßkirschen, frisch oder aus dem Glas
200 g Speisequark
150 ml Sahne
2 Tropfen ätherisches Tonkaöl
3 Tropfen ätherisches Orangenöl
(ätherisches Öle in Lebensmittelqualität)

Die Amaretti fein zerbröseln und in eine Glasschale geben.

Die Kirschen ohne Saft auf die Amaretti schichten.

Marzipan und Speisequark zusammen fein pürieren.

Tonkaöl und Orangenöl in die flüssige Sahne geben, kurz verrühren.

Die Sahne schlagen, vorsichtig unter die Marzipan-Quark-Masse heben und auf die Kirschen geben.

Mit Kirschen verzieren.

Foto: w.r.wagner / pixelio

Margarete von Schwarzkopf war von 1984 bis 2013 Redakteurin beim Norddeutschen Rundfunk in Hannover. Dort betreute sie unter anderem eine eigene wöchentliche Büchersendung. Sie ist Mitglied verschiedener Literaturjurys, moderiert zahlreiche Literaturveranstaltungen und schreibt Bücher.

Rosie Renk lebt mit ihrer Familie in der Nähe von Hannover. Die studierte Sprachwissenschaftlerin arbeitet als freie Journalistin und Autorin mit den Themenschwerpunkten Reise, Kultur und Regionales. Neben vielfältigen Interessen hat sich Rosie Renk immer auch für die Biografien von Frauen interessiert, besonders für diejenigen, bei denen das Leben den einen oder anderen Haken schlägt und die dann mit neuer Kraft und frischen Ideen durchstarten. Nach der Mitarbeit an mehreren Buchprojekten legt Rosie Renk jetzt ihr erstes eigenes Buch vor.

Bildnachweis

Umschlagseite 1

Bild oben links, Bild oben Mitte und Bild unten links: Dekorationsobjekte von Mechthild Wilke (© Ira Goldbecker)

Bild oben rechts: Mechthild Wilke (© Ira Goldbecker)

Bild Mitte links: Claudia Gellersen (© Claudia Gellersen privat)

Bild unten Mitte: Halina Bonelli (©)

Bild unten rechts: meerzeit Hotel von Halina Bonelli (©)

Seite 1:

Mechthild Wilke (3. v. l.) bei der Bückeburger Landpartie (© Ira Goldbecker)

Geleitwort:

Radostila Nau, zu Klampen Verlag: Bild Seite 9

Vorwort:

Rosie Renk privat: Bild Seite 11

Nicole Petter

Nicole Petter privat: Bilder Seite 12, 14 – 15 (3), 16, 17, 18

Carpe Diem, Rehburg-Loccum, Inhaber Michael Fleming: Bild Seite 19 links

Karl Johaentges: Bild Seite 19 rechts (aus »Himmel über Niedersachsen«, Hinstorff Verlag 2010, Seite 121)

Karl Johaentges: Bild Seite 20 links (aus »Klöster in Niedersachsen«, Hinstorff Verlag 2014, Seite 90)

Tanja Kapelle

Tanja Kapelle privat: Bilder Seite 22, 24, 25, 26, 27 (2), 31

Tourist-Information Bückeburg: Bild Seite 28, Bild Seite 29 unten

Jochen Knobloch: Bild Seite 29 oben (aus dem Kalender »Region Hannover aus der Luft 2015«, Hinstorff Verlag 2014)

Karl Johaentges: Bild Seite 30 (aus »Kleines Fest und Großer Garten«, Hinstorff Verlag 2012, Seite 13)

Sylke Herse

Udo Hetmeier , Laatzen: Bilder Seite 32, 34, 35, 36 (2), 37 (2), 41

Antik Service Uwe Baars, Stöckse, Uwe Baars privat : Bilder Seite 38 (2)

Rittergut Brokeloh, Landesbergen, Carsten Niemeyer privat : Bild Seite 39 oben

Rittergut Evensen und Ölmühle, Neustadt am Rübenberge, Eckhard Seehawer privat: Bild Seite 39 unten

Mittelweser-Touristik GmbH : Bild Seite 40

Claudia Gellersen

Claudia Gellersen privat: Bilder Seite 41, 44, 45, 46, 47 (2)

Artland Golfclub e. V.: Bild Seite 48 oben

Gemeinde Rieste: Bilder Seite 48 unten, 49 (links oben)

Stadt Osnabrück: Bilder Seite 49 (rechts oben und unten) und 50 © OMT

Mechthild Wilke

Ira Goldbecker: Bilder Seite 54 (2), 58 (2), 59
Katharina Freier: Bilder Seite 52, 56, 57 (2)
Viktoria Ahmani, Hamburg: Bild Seite 55
Restaurant Café Schalotte, Jörg Stein: Bilder Seite 60, 61

Ulrike Kafka

Photographisches Atelier Simone Ahlers, Bad Zwischenahn: Bilder Seite 62 , 64, 65
Ulrike Kafka privat: Bild Seite 66
Fotodesign Anja Steffen, Langwedel: Bild Seite 67
Sigrun Strangmann Photography, Hatten: Bild Seite 68
Bad Zwischenahner Touristik GmbH: Bilder Seite 69, 70

Britta Plagmann-Dirks

Britta Plagmann-Dirks privat: Bilder Seite 72, 74–75 (4), 76, 80
Dangaster Reethaus, Sabine Herla privat : Bilder Seite 77 (2)
Rhododendronpark Hobbie, Westerstede Petersfeld: Bild Seite 78/79
Katharina Lehmann: Bild Seite 80

Halina Bonelli

Halina Bonelli privat: Bilder Seite 82, 84, 85 (5), 86
Osteria la Fenice, Massimo Milan, Cuxhaven: Bild Seite 87 links
Joachim-Ringelnatz-Museum, Cuxhaven: Bild Seite 87 rechts
Nordseeheilbad Cuxhaven GmbH: Bilder Seite 88 oben und unten, Seite 89 oben
Michael Narten, Hannover: Bild Seite 89 rechts unten
Takeaway/My gallery/Thai cuisine and other foods, Wikimedia Commons, lizenziert unter Creative Commons Attribution ShareAlike 3.0 License: http://creativecommons.org/licenses/by-sa/3.0/: Bild Seite 91

Claudia Wersing

Claudia Wersing privat: Bilder Seite 92, 94–95 (4), 96
Konditorei Erasmie, Frau Jackl, Besitzerin: Bild Seite 97 links
Buchhandlung Vielseitig, Anke Böse, Christiane Westphal: Bild Seite 97 rechts
Chilli Manufaktur, Soltau, Susanne Menke, Besitzerin: Bilder Seite 99 (2)
Mittelweser-Touristik GmbH, Nienburg : Bild Seite 100 unten

Gundula Könighaus

Gundula Könighaus privat: Bilder Seiten 102, 104 – 105 (3), 106, 107
Restaurant Marg-i, Lehrte, Jan Skibba www.janskibba.de: Bild Seite 108 links
Gutshof Rethmar, Sehnde, Familie Digwa, Inhaber: Bilder Seite 109 links (2)
Kapellenkrug Bilm, Sehnde, Bernhard Motyl, Besitzer: Bild Seite 109 rechts
Stadt Lehrte: Bild Seite 110 links
Galerie Vera Lindbeck, Isernhagen, Vera Lindbeck: Bild Seite 110 rechts

Nora Oelkers

viviaty well designed: Bilder Seite 112, 114 – 115 (3), 116 (5), 117 und Seite 121
Cynderellas Welt, Bad Lauterberg, Sandra Jürgens alias Lucardis Feist: Uwe Johannsen Photography: Bild Seite 118
Ziegenalm Sophienhof, Sophienhof, Kerstin Liebig: Bilder Seite 119 links und rechts oben
Café & Konditorei Ferienapartments Schnibbe,

Bad Lauterberg: Bilder Seite 119 unten rechts, 120 oben links,
Karl Johaentges: Bild Seite 120 rechts (aus »Klöster in Niedersachsen«, Hinstorff Verlag 2014, Seite 26)

Dorothea zum Eschenhoff
Ina Sommer, »passioINAta«, Barsinghausen: Bild Seite 122
Dorothea zum Eschenhoff privat: Bilder Seite 124, 125 (2), 126, 127
Historische Rosengärten, Hemmingen, Sabine Heiner-Lindenblatt: Bilder Seite 128 (2)
Herrenhäuser Gärten, Hannover: Bild Seite 129
EAC GmbH Schloss Marienburg, Pattensen: Bild Seite 130

Radostila Nau, zu Klampen Verlag: Bild Seite 132
Rosie Renk privat: Bild Seite 132

Bei HINSTORFF bereits erschienen:

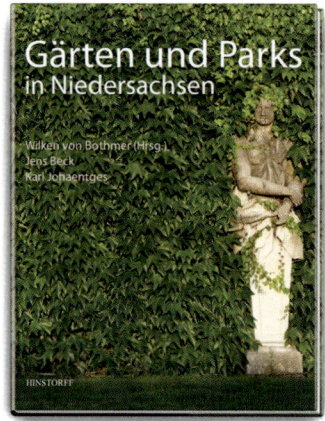

Wilken von Bothmer | Jens Beck | Karl Johaentges
Gärten und Parks in Niedersachsen
24,90 Euro
ISBN 978-3-356-01344-3

Hans Werner Dannowski | Karl Johaentges
Klöster in Niedersachsen
39,99 Euro
ISBN 978-3-356-01544-7

Liebe Leserin, lieber Leser, wie hat Ihnen die Lektüre gefallen?
Wir freuen uns über Ihre Bewertung im Internet!

Die Deutsche Nationalbibliothek verzeichnet diese Publikation in der Deutschen Natio-nalbibliografie; detaillierte bibliografische Daten sind im Internet über http://dnb.ddb.de abrufbar. Alle Rechte vorbehalten. Reproduktionen, Speicherungen in Datenver-arbeitungsanlagen, Wiedergabe auf fotomechanischen, elektronischen oder ähnlichen Wegen, Vortrag und Funk – auch auszugsweise – nur mit Genehmigung des Verlages.

© Hinstorff Verlag GmbH, Rostock 2015
Lagerstraße 7 | 18055 Rostock
www.hinstorff.de

1. Auflage 2015
Herstellung: Hinstorff Verlag GmbH
Lektorat: Eva Maria Buchholz
Titelgestaltung und Layout: Beatrix Dedek
Karte: Stefan Jarmer
Druck: cpi books GmbH
Printed in Germany
ISBN 978-3-356-01812-7